教孩子自己找答案

未來公民必須具備的五種能力

作者　翁麗淑

序——先不聽話，然後自己找答案

這個夏天對我來說真的是「多事之夏」。

先是小阿三（我的第三個孩子）意外到訪，這個紛亂的年代，要養三個孩子確實是要好好的考量一番。然後，是這個「翻桌」出版社來訪，孕育出我的第一本書。在這幾月內斷斷續續思考著自己的書想說什麼？可以讓誰或誰的孩子聽到什麼？而就在寫序的這一夜，一群高中生為反課綱的事衝進教育部。我忍不住笑了，這個世代的孩子已經大大不同於我成長的年代。

我試著回想自己的十六、七歲。那時，我確實也是不聽話的。我蹺課、逃家、談戀愛，學抽菸、學打牌……也試著想關心國家，但剛解嚴的空氣似乎還瀰漫著疑懼，我也沒那麼勇敢，只敢似懂非懂的讀著黨外雜誌，然後偷偷在心裡喊著：「臺灣獨立！」鄭南榕在台北點燃自己的時候，我正在台南陷入一場難解的失戀悲情。關於自由與禁錮，我還只在自己的小情小愛裡掙扎。

那是個白色迷霧未散去的年代，我喧囂著自己的青春、質疑所有的規矩。但這也是個苦悶與孤單的年代，如果這時候有人號召要革命，也許我也會跟隨！但究竟國家該怎樣，甚至我自己的前途要怎麼決定？卻仍懵懂未知中。

反抗，是一條比較難的路。這群衝教育部的孩子確實勇敢多了！

順從，像走在別人建設好的康莊大道，平坦安全且人數較多；而反抗是另辟蹊徑，要斬荊披棘，要承受更多汙名、承擔更多挑剔及過量的期待。在一個「轉型正義」尚未實現的國家，更要承擔許多莫名其妙的懷疑和指控。

從這次反課綱的行動所看到社會反應就可以印證：學生不懂事被人利用、連字都寫錯還敢抗議、暑假太閒……而就算抵抗得了這些看似不同立場的奚落，在自己陣營裡恐怕也要時常面對：我要的到底是什麼？這樣真的就對了嗎？怎樣才不是洗腦？對抗之後得到的真的有比較好嗎？這些恐怕都沒有肯定的答案，但「反抗」因此失去意義嗎？不，如果你從來都沒有質疑、沒有膽怯、沒有面對過衝擊，我才覺得那些反抗的力道會減少許多！

至此，我明白為什麼自己想出版這本書！

我想集合這些思考來支持反骨的你——不聽話的路確實比較難走，但要有更堅強、更美好的未來，卻要靠「不聽話」的你來實現。整部人類的歷史都在說：只有靠勇於反抗的人，才有辦法對抗頑固、不流動的階級與人性的黑暗面，撼動那些沉痾已久的歧視與不平等，開創新的局面。

不過，既然是反骨的你，想必也不容易說服、不輕易聽信。是的，這是一本弔詭的書。答案明明呼之欲出，以為有了原理、原則，但話鋒一轉又有了新的質疑……答案到底是什麼？（啊，其實我自己也沒有答案啊！）

想支持你勇敢上路，因為路程迢迢，所以我們為你打造五個超能力英雄。在你困頓的時候，陪你面對孤單；在你膽怯的時候，跟你繼續前進；在你疲憊的時候，一起坐下來歇歇，思索前進的方向；也在你遍體鱗傷、心灰意冷之際，提供你一些反思的論證，懂得世界更懂得自己所堅持之事。

想要陪伴孩子一起勇敢起來的父母或師長，我期待這些超能力能先堅強你自己。所謂堅強，並不是要多你咬緊牙根，忍辱負重，而是不害怕告訴孩子，你也曾經懦弱膽怯、你也曾跌倒失意甚至不想站起來，你也曾經選擇撿便宜的跟著大家走。現在，你願意陪著他或她，多想一點、多抵抗一點，或者把手伸出去，多主張一點！

書裡的這些想法，支持我更勇敢地去成為自己想要成為的老師、母親或公民；希望也可以讓你還有你的孩子，在成為公民的路上，更勇敢、更有力量，更有膽識！

目錄

序 3
先不聽話，然後自己找答案

緣起 13
關於「龜」（ㄍㄨ）要給分

第一章

今日之謎，源自過去忽略的細節

時空女：「歷史是明日的參考答案。」

歷史課本的暗示 20
從二二八認識轉型正義 29
追究誰的責任？ 40

第二章

你今天民主了沒？

幻影隊長：「多想一分鐘，民主的價值大不同。」

民主想想 48
他們說社運學生沒禮貌 56
讓規範與自由共舞 63
反旺中兩三事 72

第三章

路見不平，我們挺身相助

超力人：「美好生活不該來自剝削勞力與加害弱勢。」

82 失控的土地徵收
90 勞動者的心事
98 移動，為更幸福的可能

第四章

先理解生命，再追求改變

彩虹喵：「不分人種、性向，每個人都有追求幸福的權利。」

110 友善校園的模樣
120 校園裡的女性身體
130 那件高捷外套下的性、隱私與自由
140 讓家更自由
148 瑞秋．卡森為什麼不結婚？
159 一個家，一個故事

第五章 在消滅萬惡前，先透視人性本意

熱眼俠：「罰罪與寬容需要相互平衡。」

170 從江國慶到鄭性澤
178 惡魔的真相
188 發生割喉案，妳嚇壞了嗎？
193 請教我「要怎麼生氣」
196 八歲的罪大惡極

神祕博士給大人們的隱藏版思考

204 罪與罰之間
211 罪與罰之間，如果沒有愛

緣起——關於「龜」（ㄍㄨ）要給分

期中考的國語試卷，出現一題一字多音的題目：「龜」，原解應該是「ㄐㄩㄣ」，「龜裂」。班上有個可愛孩子，他填了：「ㄍㄨ」。我一讀就笑了，覺得也很有道理，給分。

這件事我也貼到臉書，沒想到引起大家的共鳴。我決定將當時的想法，以及因為質疑所思考的內容寫出來。一方面讓與我不同意見的朋友一起交流，也讓某些不願直接面對我的家長或同事們，隔著一段距離也能明白我的想法。於是我為自己列出問答。

問題一：考「國語」用「台語」寫答案怎麼能算對？

這個問題我想分三個部分來回答。

首先，我雖然不是語言學家，但學習語文經驗裡就能發現，任何不同的語文，只要在同一個族群裡流轉，就一定會產生界線上的模糊，否則我們怎麼會有這麼多的外來語？有多少人說台語的時候就是會夾雜一些國語。我們不會去質疑電視上那些鄉土劇說：「你們不是應該講全台語的嗎？怎麼可以參雜國語呢?!」既然如此，「國語」考題中的某題，以台語發音回答，在語言流動上非常合理，比例原則也算符合。

再來，臺灣語言發展歷史中，非北京話體系的族群語言曾經受到嚴重壓迫。即使後來政府對這段歷史有一些反省，讓學校裡也有了每周一節的本土語，但台語的發展早就錯過可以精緻深耕且普羅使用的機會，怎麼說？就我而言，在家裡、或和某些長輩朋友一起、在我媽媽家，或回南部時，我那口流利的台語才會上身，其他地方，尤其是課堂，我根本已經喪失用全台語上課的能力。我用「喪失」的意思並不是說我原本可以，而是我覺得原本是「有機會」可以。一個民族的語言絕對不可能活在字典，或博物館的收藏中，語言必須在人們的生活不斷使用才有可能存活，語言的發展透過人們的使用而有機轉化成各種可能的形式。尤其是近幾十年來我們的生活有非常非常大的轉變，科學、哲學、宗教、文學、藝術，甚至教育，每個細微的或巨大的變化，都不斷改變人們語言的使用，而原本那些弱勢的語言有機會讓她的子民們，在這種時代的變遷中變得豐富強大，我的台語也是。可是，現在看起來是有點難了。語言的使用和流通，常常必須建立在一種寬容和多元的基礎上，才能讓這個語言與其他的語言並存，且越加融洽與豐富。孩子在學習語言的過程中，我們也必須鼓勵這樣的發展，並珍惜這種細微的可能，不是嗎？

最後，我們確實是考「國語」，可是，我們有「國」嗎？連個國都沒有，還執著什麼「國語」？（說起這個就一肚子火啊！）

問題二：如果這樣可以給分，那原住民、客家、新住民的孩子用他們族群的發音，老師都能知道而給分嗎？

老師當然不可能精通所有的語言。但是，這不就是教學相長最美妙的地方嗎？孩子有可能被我們誤改，但只要他能提出說明，我有機會將分數補救回來，同時也多學了一個字的讀法，還可以讓全班都學會，這樣不是很好？

問題三：有爭議的給分應該要全學年商量或由出題老師認定，妳自行決定給分，反而造成其他老師的困擾。

就我的立場，這個發音沒有爭議，請有爭議的人自行開會解決。老師改考卷，本來就應該有一定的空間來決定是否給分，否則，小孩有些字的筆畫，該閉合沒有閉、該直的有點歪、該長的有點短，都要開會商量嗎？不管給分或不給分，老師都應該發展出自己的論述來服人（我現在就正在做這件事），困擾不該由別人來決定，也不能因為你有困擾，而強制要求別人必須服從齊一的標準，這沒有道理！

問題四：你這樣會不會造成小孩子有樣學樣，考卷不會寫就用台語發音作答？

說真的，我覺得這樣還滿好的……（會怎樣嗎？）

問題五：如果有小孩自己創一個發音，說，我就是這樣唸這個字的，妳怎麼回應？

我會告訴他，要構成語言必須有哪些要件？「能溝通」是首要，所以，只要能證明他這樣唸有人懂，那我一定會給分。另外，我覺得這個孩子不是天才，就是辯才，我會很珍惜這樣的孩子。

現行教育方針讓我們注重成績，不僅在意分數，也強調孩子需答出「標準答案」。但真實的人生狀況更複雜，沒有標準答案可言。要改變的，應該是我們這些大人的思維。藉由這本書，我們大人可以一起檢視主流的價值觀，找到幫助孩子的方法，教他們成為獨一無二的自己。就算是小孩子，也有可能撼動語言的發展，改變下個世代的語言方式。至於「龜」這個字要怎麼唸呢？各位大人們，你們是否也找到自己的答案？

時空女

第一章

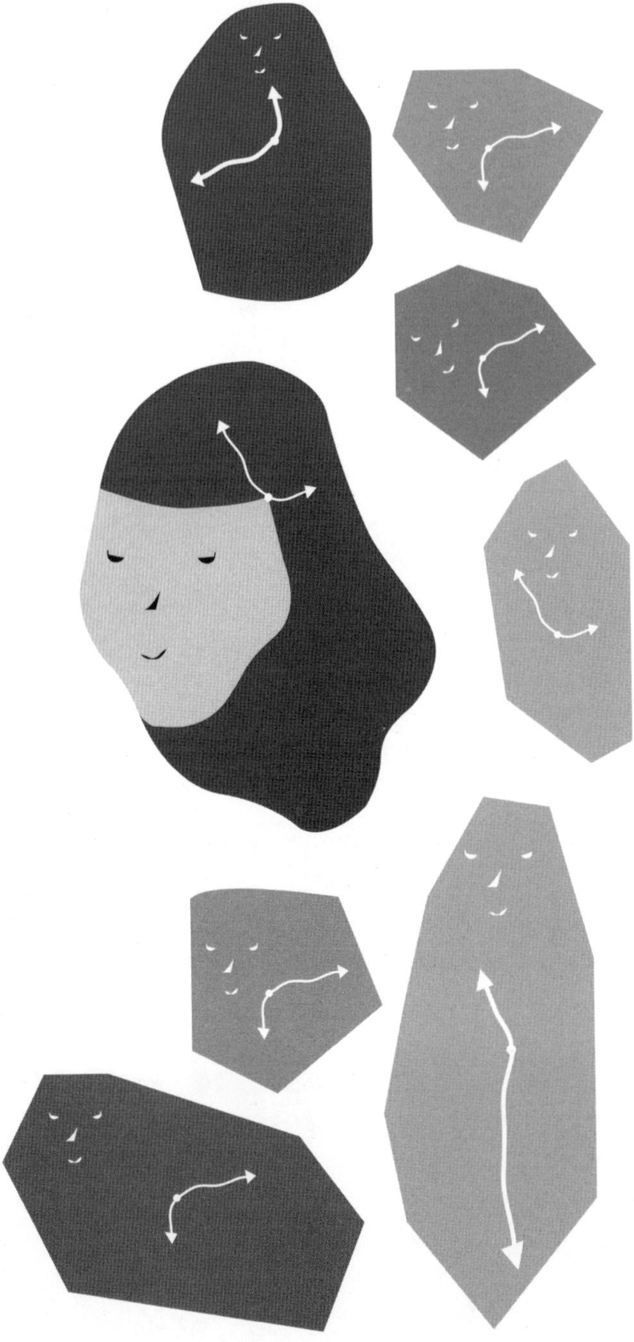

今日之謎
源自過去忽略的細節

「歷史是明日的參考答案。」

歷史課本的暗示

今年一月，我隨著鄭南榕基金會到宜蘭縣史館參觀，廖館長為我們導覽，當時他意味深長的問我們：「你們覺得縣史館要寫歷史嗎？」當時我有點摸不著頭緒，號稱「史館」不寫歷史那要幹嘛呢？但後來廖館長說：「寫歷史應該是生活在這片土地上人民的事，史館的功能是在盡可能的蒐集史料，讓民眾有史料可以寫歷史。」

我想，廖館長說「寫歷史」意思是在說「詮釋歷史」，用以分別「蒐集史料」這件事。我覺得這是很重要的觀點，史料重在豐富的視角，無分別的多元呈現，一個擁有權力與資源的機構，必須了解自己可能造成的影響，盡可能的謙虛，把自己放到「蒐集史料」的位置，而把詮釋歷史，甚至評價的權柄交給讀史的人，還有後代子孫。我說「盡可能」是因為我們都知道，再怎麼強調客觀中立都難逃立場的限制，但有這份自覺與自我要求，就值得激賞！

而「歷史教科書」的任務，究竟是要「呈現史料」還是「詮釋歷史」？如果就前教育部長蔣偉寧的發言，他強調這份新課綱是根據史實，我推測歷史教科書的任務是在「呈現史料」，而詮釋歷史的功夫可能就要靠教師專業的教學設計與鋪陳，啟發學生對歷史的認識與思考。所以我們期待歷史課綱應該從多元的視角與不同族群的觀點出發，盡可能的呈現不同的史料，教孩子認識自己祖先的過去，進而訓練史料的判讀能力，未來面對世界發生的種種事件，能夠形塑自己的意見。

我當然知道現實裡的限制，這是一項艱難且專業的任務，所以必須訴諸歷史專業的學者。但是我們的新課綱調整竟是由非歷史專業的學者完成的。這是破壞政府與人民間信任的第一步。

話語的暗示

在學校裡，其實有很多話語在暗示著權力結構，或展現某些企圖。比如老師開會回來發現全班很吵，他說：「全班這麼吵，班長和風紀股長是怎麼管的？」聽起來好像在責備班長和風紀，但其實是將這兩個人在老師不在的時候，直接晉身為管理階層，而剛剛全班很吵的共犯並不包含這兩位，他們的錯是在沒有管理好大家。

說出來的和沒有說出來的話，都意有所指。老師說：「這次考試全班只有三個人考得還不錯。」雖是在講考得不錯的事，但口氣有些肅殺，全班都知道意思是大部分的人都考得不好。

有些班上有較特殊的孩子，上課可能無法乖乖坐著聽課或可能不自主的站起來活動，很多老師會說：「這樣的小孩總是干擾上課，影響班上同學的受教權。」這裡的「班上孩子的受教權」，其實就不包含這位無法乖乖坐著聽課的孩子。如果思考是放在全班所有孩子的受教權，那老師並不會抱怨上課的干擾，而是把這個干擾放進課程設計裡去思考要怎麼進行，或去尋求更專業的協助，而不是以其他小孩的受教權為由，將這位孩子區隔在全班之外。扯遠了，我們要談的重點在於，老師並沒有說這樣的小孩不應該屬於我的課堂，或請這個孩子離開。但老師的話語確實是這樣的目的。

用這樣的邏輯來看這次高中歷史課綱微調的文字，也許你就會瞭解這些文字在暗示什麼？

原課綱：國際競逐時期／重點一、大航海時代。二、荷西治台。
新課綱：漢人來台與國際競逐時期／一、漢人來台與大航海時代。
二、荷西入台。

荷西之前的臺灣，天真純淨的浮在太平洋邊緣，因為大航海時代來臨而進入歷史文明之列，臺灣史的開展，和世界進入相互連結的歷史息息相關，這時來到臺灣的族群肯定非常多元，日本、中國、荷蘭、西班牙、葡萄牙，還有許多歷史來不及記載的人來到這裡。因此「國際競逐時期」其實就已經包含了漢人，以及日本、中國、歐洲，甚至南洋一帶的族群來到臺灣，特別多寫「漢人來」，也標舉了「漢人」與其他來臺族群不同的正統地位。

原「鄭氏」時期，改為「明鄭」時期。加個「明」也許是因為鄭家算是明朝的遺臣，但明朝跟臺灣毫無瓜葛，加上「明」無非是硬要把臺灣跟中國的關係更靠近一些。

同樣的效應，在日治時期新課綱也增加了變法運動、辛亥革命與中華民國建立的細目，以及五四運動、新文化運動對臺灣的影響。雖說臺灣確實有人加入中國的革命行動，但中國的這些政治變革對臺灣的實質影響並不大，而且之後也有臺灣青年受到共產主義的感召而加入共產黨，在同等比例原則下是否也應該列入課綱？此外，日治時期教育逐漸普及，且各種歐美的思潮也開始盛行，當時臺灣被影響的絕不止五四、新文化運動，其他如現實主義、浪漫主義、社會主義、存在主義。從各種途徑各種管道也在影響臺灣。我的意思並不是在排除當時臺灣被中國影響的可能，而是歷史應該要回到當時的脈絡以臺灣為主體來書寫，而不是挑三撿四的只把中國的留下，其他的去掉。這樣的揀選不免令人臆測其用心。

意圖加強某一方，總也會想削弱另一方。原課綱「荷西治台」改為「荷西入台」令人匪夷所思。荷蘭與西班牙在十七世紀一南一北分治臺灣，也留下了相關的建築痕跡與文化、經濟、宗教上的影響。寫成「入台」似乎只是過客，有意減弱荷西在台的影響。

而原來的「日本統治時期」，修改為「日本殖民統治時期」。如果對臺灣史有一點瞭解就會知道整部臺灣史可以說就是一部殖民史，從荷西時期、鄭氏，到清領、日治、國民政府，並沒有哪一個政權是真正以臺灣為主體來認真思考這片土地上的人民期待怎樣的生活，或企圖根基於臺灣原有的文化來經營臺灣的。若在日本統治時強調「殖民」的本質，那國民政府來到臺灣對臺灣人民與文化的壓迫相較於日本，可謂有過之而無不及啊！（想想二二八事件、白色恐怖的迫害，以及工業發展後的土地政策，與日治時期的日本在土地、經濟的剝奪與壟斷，以及皇民化的政策，相較之下，國民政府手段之凶殘，日本政府也是不及的。）但「殖民」兩個字在新課綱的中華民國時期不但完全沒有，還處處有歌頌政府的痕跡，如：「政府光復臺灣」、「政府推動地方自治的過程及其對民主發展的意義」、「我國發展實質外交的努力」、「重要經濟政策的推手……」，說日本在臺灣的基礎建設、經濟發展是殖民政策，而中華民國時期臺灣的經濟奇蹟就是政府的德政。教育成了政府正當化統治手段，宣揚政績，以及為未來的政治企圖走向鋪路的工具。我們的教育、社會在走回頭路嗎？

即使在小學，就曾經有孩子這樣結論：「荷西時期和日治時期就是異族統治。」（但其實課本內容中並沒有這樣的陳述，想是安親班老師或其他補充教材的說法）我聽了真是膽戰心驚！這是在我小時候那種以「中華文化」為正統的威權教育的說法，否定臺灣多元文化為本質的歷史經驗，而專以漢民族為主體，貶低或弱化其他文化的內涵與影響，這不僅是在歷史學習上的缺陷，也可能養成歧視不同族群及對弱勢無法同理思考的人格弱點。

我尚且不是歷史學者，站在教育者的立場，我也知道，有「正統觀」的史學不應該傳授，且是必須批判的。何況是編寫歷史課綱的非歷史專業學者。

拿歷史課來洗腦

我曾經經歷過威權時期的歷史教育，將之稱為「洗腦」並不為過。也就是洗過之後，能熱烈的細數孔子、漢武帝、唐太宗，而對八田與一、賴和……一無所知；以身為龍的傳人為榮，而害怕說自己是臺灣人。那種把認知與民族情感切給書本考試與口號，回到現實全是另一回事的教育，回想起來是恐怖多於認知的喜悅。

我以為我們已經擺脫了威權，也以為我們已經往前進了一大步。

其實我在國小的臺灣史教材裡，也聞到那種鞭批前朝、諂媚目前政府的跡象。小學五年級下學期臺灣史的社會課本中，在日治時期談抗日、談殖民政策，就連後面好像要比較客觀的說日本在臺灣的建設時，仍要不斷強調這是為了日本母國的利益。可是到了中華民國時期，談「光復」，也用五行的篇幅談二二八事件（歸因於戰後及族群溝通不良），談十大建設、經濟奇蹟。當我想看看民主發展歷程怎麼說戒嚴、美麗島事件時，沒有，話鋒一轉竟談起了五院組織及執掌，避重就輕的痕跡如此明顯而拙劣。但我以為這是威權遺毒未清的遺憾，是編寫教科書的老師或學者還沒走出威權的陰影所犯的錯，但在看了高中歷史的課綱微調後，我可能必須認清，威權的時代其實並沒有真正離去！

我看著新課綱裡這樣的描述：「國共內戰、政府遷台後，我國的主權範圍仍及於全中國，惟治權不及於大陸地區。」我很難想像老師怎麼跟孩子解釋「主權」和「治權」是怎樣的差異？會有哪一個國家會這樣寫歷史？難道荷蘭會寫：「大航海時代後，我國的主權範圍遍及比利時、印度、臺灣及非洲⋯⋯（還有好多耶），惟治權僅在歐洲荷蘭國境。」（可笑嗎？）好像「主權」只要《憲法》寫的就算，歷史教科書也只要寫得出來自圓其說即可，不必管國際現實，小孩很疑惑也就只要搬出「憲法就是這樣寫的」來解釋就夠了。我們走回頭去繼續分割書本與現實，教孩子考試就這樣寫，不要想太多。這樣我們真的跟孩子交代得過去？

我們也都在寫歷史，每一個手段每一步決策，都在每個人的眼裡記錄著，也都在孩子的凝視裡書寫過去，交代未來。我真心期待歷史課綱微調的事件能在這場拉鋸中有更清明，更往前進的可能。也為歷史教育的歷史，留下進步的一筆！

從二二八認識轉型正義

二月，有個你一定要深刻認識的日子。要認真紀念這個日子，就不能不談「轉型正義」。

一個屬於臺灣人的節日

小學的社會領域有個單元在談「傳統文化」，其中談到了傳統節慶，我問大家：「節日中有真正專屬於臺灣本土的節日嗎？」孩子們七嘴八舌的說「端午節」、「中秋節」、「清明節」、「國慶日」、「光復節」，然後有人說「二二八和平紀念日」。

課本原意應該是指漢人的傳統節慶，也就是春節、清明、端午這些，但幾乎有漢人的地方就會過這樣的節慶，像中國、新加坡、馬來西亞，甚至民情靠近的日本可能也部分相似，說「專屬臺灣」恐怕不盡然。

再來，也許「國慶日」算是臺灣唯一，但如果仔細探究歷史，這個日子原是孫中山先生在中國的清朝時期帶領一群革命志士，歷經十一次革命總算成功推翻滿清政府，建立民國政權的日子，當時是西元一九一一年十月十日，這時的臺灣正屬於日本統治的時代，蔣渭水還在臺灣總督府醫學校讀書。這個屬於中國的政權大轉移，事實上臺灣並沒有直接參與（只有少數人在臺灣組織運作革命），政權移轉後對臺灣也沒有太大的影響。總之，這個日子，就歷史起源來看，跟臺灣的淵源不大。

而「光復節」更令人匪夷所思。在一九四五年，二次大戰日本戰敗，當年十月二十五日盟軍中、美、英、蘇四國來臺灣接受日本投降，於是訂這一天為臺灣光復節。但其實這個「光復節」是臺灣人對中國一廂情願的傾慕，以為自己脫離了日本的殖民，可以在同文同種的中國政府統治中，得到平等的對待與更好的生活，豈知接下來的日子竟讓臺灣人吃盡苦頭，不但政府貪汙腐敗，移師而來的軍隊更是素質極差，把整個社會搞得又髒又亂，物價高漲，民不聊生，甚至還在一年多後爆發二二八事件……「光復」一詞說得極諷刺！

「二二八和平紀念日」或許才稱得上真正屬於臺灣的日子，這個日子印刻著臺灣一段深沉傷痛的歷史。但是，連這個「紀念日」都得來不易。

那段白色的記憶

在我很小的時候，有很長的一段時間，總統都姓「蔣」，讓我以為「蔣總統」就是一個專有名詞，而且前面還要空一格，唸的時候要立正以示尊敬（演講的時候尤其誇張），如果那時候我不小心認識了蔣渭水（事實上根本不可能有機會認識），我一定以為這是同一家人，一個專門擔任元首的皇室家族。

在這樣的年歲裡，我當然無從聽聞二二八。現在的我回想那些日子，讀著中國的歷史地理、練習說一口標準的國語（同時摒棄滋養我長大的母語）、唱著龍的傳人、寫著反攻大陸的作文……我常在想，在這樣的蒼白年代裡，二二八的記憶到底是怎麼躲藏的？這麼痛的傷痕，肯定時常在孩子那些無知的歌聲裡獨自嘆息；這麼心碎的記憶，一定是得用力壓抑才有辦法藏進一日過一日的縫隙裡。

這種日子，威權的控制，像漫天白沙，鋪天蓋地而來，生活的一切幾乎無一倖免。從空間，且看那些不斷重複且對當地人毫無意義的路名、校名、館名、公園；從文化，且看教科書、媒體廣告、節日慶典，連歌曲、文宣出版品都不放過，還有那個硬生生被拔除的母語……不只細且深廣，在時間上還長達三十八年的戒嚴。以致在解嚴二十多年後的現在，代表威權時期的標誌不止處處可見，我仍聞得到戒嚴遺留的恐懼味道。

這些，決不是簡單的解除戒嚴令就可以翻轉。我們需要「轉型正義」的工程，對應著那麼長那麼深的控制，這工程也絕非一蹴可幾。

你不能不知道「轉型正義」

我知道對很多人來說，「轉型正義」這個名詞還有些陌生。

從前面的敘述，也許你已經知道這件事跟威權體制有關。世界上有很多地方都有類似的歷史經驗，像你知道的納粹屠殺猶太人的事件，整個歐洲關於此事的轉型正義腳步都還在繼續著。

但何以我們如此陌生且難以想像，那是因為我們社會的實踐太少，即使有，這些實踐沒有被理解為「轉型正義」。於是「轉型正義」的連鎖工程才無以為繼。

從「介壽路」到「中正紀念堂」

現在總統府前的「凱達格蘭大道」以前的名稱是「介壽路」。全臺灣的「介壽路」還有很多條，這個命名主要取自「蔣介石萬壽無疆」的意涵。從這個命名裡，我們不只看見歷史認知的錯亂，還充滿著對威權者的諂媚文化。一九九六年陳水扁擔任台北市長，決意將此道改名為「凱達格蘭大道」，當時遭受了不少阻撓，「凱達格蘭」之名在紀念位於台北盆地的平埔族群「凱達格蘭族」，但大部分的人對平埔族的認識極為淺薄，甚至有人以為這是引自外國的路名。也有人認為路名任意修改會造成用路人的困擾（但這些路名長期以來侵蝕人民的歷史認知，大家卻不以為意）。

不只如此，這個空間以往不准騎機車、腳踏車，行人必須嚴肅低目而過。陳市長不僅解除這些禁令，還在廣場上開舞會，企圖用年輕人奔放的活力破除空間裡的威權惡靈。

我認為這是一次空間上轉型正義的成功經驗。拿掉「介壽路」，讓我們重新看到早就習以為常的謬誤，力排眾議放上當時拗口的路名，讓我們重新聽見在歷史裡被消音的族群。如今這個路名大家不但唸起來順口不跳針，這個空間還承載了許多社會運動的發生。

看到錯誤，還原真相，也盡可能拔除威權的遺毒。這是轉型正義的重要步驟。

但是，在凱達格蘭大道不遠的「中正紀念堂」卻有著不同的命運。二〇〇七年，當時擔任總統的陳市長將「中正紀念堂」改名為「臺灣民主紀念館」。二〇〇八年總統換人後，「中正紀念堂」的名號又回來了。

轉型正義，轉過去，又轉回來，我認為最大的因素在於我們追究真相時總是只看見被害者而少了加害者。

別怕舊事重提

我很喜歡一件在二二八共生音樂會中買的一件T恤，上面有三排數字：

1　3456789
1　3456789
9　7645321

我穿著上課時，有同學問我：「我看得出來這是在講二二八，但是為什麼要這樣設計啊？」我笑而不答，希望她回去再多想一想，到了下次上課，這位同學很有所感的來跟我說，「我想這是在說，二二八的真相未明。」

就在一九八七年，即將解嚴但還沒解嚴的那個二月，普遍嚴密控制的空氣裡已經躁動了一段時日。在「二二八公義和平運動」中，鄭南榕勇敢的拿著二二八的旗幟上街頭，要求二二八的真相，要求政府的道歉和賠償。這是關於二二八轉型正義的重要開端。終於在八年後，我們看到總統代表政府為二二八事件道歉，立法院也修法通過，受難者家屬可以得到相關的賠償，二二八和平紀念日訂定，各地也看到紀念館、紀念碑紛紛成立，很多人會認為二二八事件已經得到平反。但是，這件事真的得到轉型正義了嗎？

如果有人跑來打你一頓，你受了傷，莫名其妙不知道到底怎麼回事，然後你聽到一句「抱歉」，還留一筆錢給你去看醫生。你願意接受嗎？

轉型正義，當然不是道歉、立碑、賠錢就能過去。很多受難者家屬還是不明白，這個家破人亡的悲劇是怎麼一回事？那些充滿驚恐的日子所為何來？事件的真相並不只是告訴我們誰被殺了或誰死了，而是要追究是誰決定了這個屠殺的行動？誰殺了誰？為什麼要這樣做？只有真相大白之時，道歉才真正成立，而原諒才有可能發生！

相較起二戰時期納粹屠殺猶太人的這段歷史，總是有許多學術研究、文學著作、電影、裝置藝術不斷的從各種角度利用各種媒材書寫論述追究這段歷史，不會有人被冠上重翻傷口或撕裂族群的罪名。不斷凝視真相，追究事件加害者的責任，也不斷反省自己在事件裡的作為，大家誠惶誠恐的就是怕有人忘記教訓，怕歷史重演。

但是，在二二八事件裡卻有一定的困難，有人說：「過去的就讓它過去，我們要向前看、拚經濟。」也有人說：「舊事重提會撕裂族群感情，破壞和諧。」受害者要求真相卻被認為是想多要賠償金，政治人物要求真相會被冠上藍綠惡鬥的標籤，人民要求真相被認為泛政治化，於是我們的轉型正義只轉了一半過不去，很多人還是覺得事情已經解決了不需重提。因此「中正紀念堂」的名號依舊聳立，一大堆中正堂、中正公園、中正路、中正國小、中正國中……想想看，一個受難者的後代所讀的學校是加害者的名號，這是怎樣的荒謬場景？

更加荒謬的，還有在新聞上沸沸揚揚的「南榕廣場」命名事件。前面提到，二二八轉型正義的開端是「二二八公義和平運動」，發起人鄭南榕還來不及看到二二八的平反，就為了爭取百分百的言論自由而自焚殉道了，連國民黨執政的台北市，都願意在鄭南榕雜誌社所在的民權東路三段一〇六巷三弄，正式掛牌為「自由巷」；而成大學生為新落成的廣場命名為「南榕廣場」，竟被校方否決。成大是鄭南榕的第一所大學，時間不長，對比於鄭南榕對臺灣民主發展的貢獻，成大算是沾了光。但「南榕」兩字仍被校長認為是涉及「政治性」與「特定的意識形態」，而這些將可能造成校園的「不安定」。這是威權者非常慣用的伎倆，先企圖與「政治」切割，再引發可能衝突不安定的想像。殊不知「去政治」的言論其實是最政治的（所以才會有同學很聽話的把光復校區的「光復」兩字拆掉），而所謂的「安定」其實就是期待培養一群不會思考的順民。臺灣「轉型正義」的未實現，這個事件可以說是一個非常鮮明的指標！

在生活中，辨認威權的痕跡

聽起來，轉型正義好像是政府的事，一個孩子可以做什麼？我認為，人民如果沒有覺醒，轉型正義無從發生。看見真相的勇氣和能力需要鍛鍊；追究歷史真相必須廣泛閱讀且深刻思考。不止看教科書（或有權勢者）說了什麼，還要知道他們什麼沒說，以及，為什麼要這樣說、為什麼用這種方式說。要能在生活的細節中辨識威權的痕跡——空間的，好好思考那些牌樓、命名、標語、位置的安排；還有人的，那些權力的運用、話語、對待——你務必保持警醒。

因為轉型正義的未完成，人民和政府都還沒認真的反省與看見教訓，於是當權者恣意破壞剝奪人民的身家財產仍時有所聞，人民的街頭抗爭要忍受警察的監控和驅趕，還有人因此而被起訴。

因為那個最長的戒嚴，在我成長的這一代，大都是在嚴密控制下長大的，很多人因此害怕威權、恐懼政治、很擔心「不安定」。這些人現在可能正是你的老師或長輩，你也許會諒解我們這些長輩對政治或公共事務的冷漠或擔心，但你們沒有理由讓自己也繼續這樣的景況。歷史要真正翻到下一頁，不讓那些前人的血淚白白犧牲，也不讓悲劇重蹈覆轍，在二二八的歷史刻痕中，我們還有很長的路要走！

追究誰的責任？

星期天，有一大群人一起去排字「究責」，你知道這兩個字在說什麼嗎？

一個已經畢業正在讀私校高中的學生在臉書上跟我說，前不久她被記了一支大過，記過的緣由是辱罵老師。她說那天傾盆大雨，她剛到教室外面，被老師發現她帶著耳環，老師勃然大怒要求她馬上摘下來，但因為走廊會進水，她想進教室放好手上的東西之後再說，沒想到老師不但辱罵她，還動手推她，她一生氣就罵回去，也就得了一支大過。

我問她，那老師辱罵妳，還推妳有沒有被記過？她說，學校說那是小事，用國粹罵老師是大事。

你同意學校的說詞嗎？

那個下午，我跟朋友一起去排「究責」，去年我們排了「無罪」。

後來和朋友有一段對話——

「我比較喜歡『無罪』，實在不了解為什麼要排『究責』？」她非常不解的說：「更何況主辦的還有廢死聯盟？」

我懂她在說什麼。她的意思是，廢死聯盟不就是希望不要報復，怎麼會去強調「追究責任」？

老實說，之前在邀請其他朋友參與這個活動時，我隱約感受到這樣質疑，讓江國慶的冤屈得到平反，正義已經伸張了，不是嗎？國家也已經付了賠償金，何必再窮追不捨？有這樣的結局已經非常不容易，江媽媽年事已高，是不是該勸她平靜安享和諧的晚年？

對這樣的反應其實我並不意外，我們的校園、教科書一天到晚強調「和諧」的重要，很多時候我們都被要求要以大局為重、忍讓、退一步，以和為貴，不要引起紛爭。

孩子，你有被罵的經驗嗎？缺交作業、上課講話、打掃時間和同學打鬧、不小心把實驗的燒杯摔破……我想你可以舉出一百個被罵的理由吧？問題是，罵人的老師或爸媽不用強調「和諧」，可是當我們覺得被羞辱被侵犯要反駁幾句，卻要被說是頂撞、不尊重師長、不守本分、沒禮貌。

「權力」這個詞你早晚要認識，但其實你早就在體會，同樣的事你學著做未必能得到同樣的對待，要看對象是誰嘍？罵人就是其中一樣，老師會說：「我罵你是為了你好。」你會不會在心裡質疑：「那我罵你也是為了你好啊！」

可是我知道聰明的你不會說出來，可能連想不會想……然後，我看到很多班長、風紀股長對著某些同學破口大罵，眼神口氣簡直就是老師的翻版。班長、風紀為什麼不會罵老師？不是因為老師永遠不會做錯事，是因為那是「老師」。

你從小學的，我們要尊師重道，說穿了，不過就是要看清「權力」兩個字。你懂的，我絕不是要你翻轉這種道理去大逆不道。權力有大有小是一種現象，會一直存在。我只是要你看清楚，權力大的人通常比較容易忘記怎麼有禮溫柔的去對待權力小的，權力小的也很容易順服，不加思考就以為權力大的人說的都是對的，我只是要你再多想多思考一下。如果自己有機會成為權力大的人，記得要提醒自己有禮溫柔的去對待別人，也不要認為自己永遠都不會犯錯。

老師聯絡簿寫了回家作業要寫國語習作，結果竟然忘了發下國語習作，讓大家不知道怎麼寫作業，老師笑一笑說：「對不起，真是太糊塗了。」大家也都笑一笑，沒關係（而且老師還說「對不起」真是好老師啊！）。可是有人沒寫作業，他說「忘記了」，老師兇巴巴的諷刺說「吃飯就不會忘記」，很多同學還都一起覺得這個同學就是太懶惰了。

我想說的就是，權力小的人犯的錯很容易被放大，而權力大的人犯了錯，我們卻很容易就原諒了，這是從小就訓練來的。所以，當江國慶被認為是殺人兇手，就被折磨刑求還被判死刑；軍方高層殺錯了人，沒關係啦，國家不是賠錢了嗎？再推遠一點，二二八事件血流成河、白色恐怖人心惶惶、菁英盡失，那個主導事件的掌權者、那個在公文上簽字要求判死刑的大權者，說穿了，就是事件的加害者，他的銅像還站在或坐在很多校園裡，以他命名的紀念館巍然而立還有憲兵守護，沒有官員敢撻伐、教科書上更不敢多說什麼，所以你根本無從瞭解那些不遠的事件跟你有什麼關係！

「追究責任」就是這麼一回事，不是報復，不是要把犯錯的人抓

出來打一頓，而是希望權力大的那個犯錯的人，站出來或被指出來承認錯誤，告訴我們真相，說有人願意負責，承諾這樣的事不會再犯、歷史絕不會重演。這就是「轉型正義」重要的開始！

親愛的孩子，國慶日就要到了，你仔細思考過你想要什麼樣的國家嗎？或你想要在這個國家怎麼實現你自己的夢想呢？

你很幸運，一出生，國家就已經解嚴了；但是我想輕輕的提醒你，你所受的教育、你被限制的思考、你所被教導的規矩，都訓練你成為一個像戒嚴時一樣，乖乖守規矩的好小孩，擔心指責、害怕不同、對不和諧的氣氛很緊張。

不瞞你說，我就是這種小孩，所以寫這種文章還會「挫挫的」，擔心被其他老師批鬥、被家長說要帶頭造反、教壞小孩……只是，沒辦法，有些話就是要對年紀還小的你說，否則我擔心過了幾年，你長成了一個乖順的、不敢想太多的、不敢為自己或別人主張什麼權利的順民，這個國家卻已經被資本家養成一個吞食勞工、壓迫弱勢的和諧怪獸……屆時，我就要對我自己咎責了！

時空女出題時間

一、住在臺灣的你，了解臺灣發展的歷史嗎？如果學會時空女的時間跳躍，你最想回去那一段看看？

二、關於二二八的故事，你聽過哪些？

三、你或你的朋友遭遇過大人的誤會或誤罰嗎？如果再一次有機會溝通，你會怎麼做？

第二章

你今天民主了沒？

「多想一分鐘，民主的價值大不同。」

民主想想

我們這裡談的「民主」，是一種方法，讓團體決定如何管理或決定人事物的方式，也是團體與個人互動的一種方式。「民主」並不是唯一的一種，也不一定最好，但我們既是號稱「民主國家」的公民，又一天到晚被這個名詞包圍，認識它的本質與價值極有必要。

課本每每談到民主，常以選舉為主，於是民主的概念對孩子們來說，大抵就是選舉和投票。班上決定幹部、決定某些班級事務，「民主」等於全班投票決定。

很多人都會喊出：「少數服從多數，多數尊重少數。」但其實大部分的民主戲碼都只演到前半段，「多數尊重少數」是什麼？實在太難演了。

你敢說出自己的看法嗎？

我想喚起大家的一個經驗——

老師上完課後，常喜歡問句：「有沒有問題？」或「不懂的舉手？」這時候大家總很沉默，也沒有人舉手。你可能不太懂，但卻不知道怎麼說不懂的地方；看到大家似乎都懂了，沒有人舉手，於是你也不敢舉手。但你真的相信大家都沒問題或全都懂了嗎？

有一天，有個同學真的舉手問了一個問題，你聽到老師說：「這個我剛剛不是講過了嗎？你有沒有專心聽？以後上課要專心一點。」咦？怎麼好像是提問題的人有錯！但老師剛剛問的是「有沒有問題」，難道老師說的時候，我可能閃神、聽不懂，或有疑惑，就不能「有問題」嗎？

後來你漸漸知道了，老師問懂不懂的時候，最標準的答案就是「懂」或「沒有問題」。你學會了在某些場合就是要回答有權力的人想要的答案，最不會惹來麻煩或羞辱。當你需要表達意見時，你想到的常常不是「我要表達什麼意見？」而是「上位者想要聽什麼」、「這個場合怎麼發言比較恰當」，而你真正的意見埋在很後面、很下面，你真正挖掘出來時，它已經被主流的、你以為多數的、得體的、學術官方語言包裝得很漂亮體面的「意見」擠壓，扭曲變形。你突然很訝異，說出口的竟然也和那種漂亮的多數意見很類似。甚至，有人不識抬舉、不畏眾怒說出那個你原本也想講的意見時，你發現自己已經不認得，而且和多數人為伍看不起這個質樸重要的聲音……

在團體中，「權力」的存在很自然，我們要做的並不是去消除權力運作（事實上你也做不到），而是「辨認」與「思考」。

辨認，辨認權力的來源，還有「我」的位置。思考權力對團體和「我」的影響，如何自處與回應，如何表達與互動！

民主的價值是什麼？

民主牽涉到意見的表達，而意見的表達總無法脫離權力的運作。民主是一種精神，也是一種制度，或者應該說是每個人期待跟這個團體共處的關係與方式。每一個團體都無法避免產生權力關係，也不可避免地彼此牽制與影響。仔細辨認自己如何影響別人及被影響，獨立的思考判斷後，你才有可能做出真正的選擇。

記得嗎？民主憲政之前，文明世界的制度主要是君主專制，要辨識君主專制看起來好像很容易，反正君王一個人作主，他說的算，一人獨攬大權。但其實，要製造多數人的意見其實也很容易，君主專制也能包裝成「民主」。屠殺猶太人無數的希特勒，當初他執政也具備多數民意的基礎呢，難道大多數的德國人也都同意他屠殺猶太人？不，是因為長期的權力運作，讓大家都不敢說「不」。當反對者的聲音被安插各種莫名其妙的罪名，遭到囚禁甚至被處決，整個社會開始靜默，只剩下誤訊的「多數人的意見」。臺灣也經歷過這樣的時期，戒嚴時期一樣有選舉一樣辦投票，但「民主」民主了嗎？

即使是已然解嚴的現在，要營造多數的意見也實在容易，有權力的人暗示一下，有辦法的人操作一下，有資源的人安排一下……多數意見很快就形成。

我想提醒你，當我們說這是「多數人的意見」時，真正的民主，重點並不是在「多數」，在於那些是不是真正的「意見」！

但要表達「真正的意見」談何容易!?想法通常千頭萬緒且見異思遷，從腦海裡原始不成熟的考量，到具體完整的想法形成，也許要走一段不算短的路。這期間必須讓所有的聲音都能毫無恐懼沒有障礙的表達出來，斷裂的、不知所云的、自私的、吞吞吐的、可笑的、想太多的……全都願意冒出來互相聆聽，也互相撞擊互相整合，最後在眾說紛紜的意見中自然流成幾道支流，投票的行為才能開始。這期間最關鍵的其實是那些跟多數人不同的意見，以及身分較為特殊族群的想法，是不是已經充分表達且被聽見了!?因此，這個環境必然是友善，沒有任何訕笑、歧視和壓迫；成員的意識清明而善良，沒有額外的操弄或暗示。即使最後你的意見並沒有被採納，但在這個過程裡，你會看見自己在團體中的位置，你也會知道自己的意見被聽見被重視，你感覺自己有貢獻。這便是「尊重」。

那句話也許必須反過來說：「多數尊重少數，少數才服從多數。」

你也會體認到，這個民主的過程還真是吵雜且冗長啊！也許還有人會質疑，就算沒有經歷這樣吵吵鬧鬧的過程，直接表決，可能結果也是一樣。但是，少了這個過程，「民主」就不在場了。

因此，我們可能會慢慢體認到，民主本來就是一場沒有效率、很耗成本的一件事。

但這種有很多缺點的民主，卻是這個世紀多數國家想要體現的制度。我們認同民主的價值——讓不同的聲音都被聽見，讓每個人都感覺到自己的重要，讓每一個生命都更美好的制度，雖然耗費成本、花費時間，我們仍願意去實現。

是民主還是多數暴力？

可是，就算有這樣的過程，所有的事都可以藉此決議而執行嗎？如果有人提議，台塑企業因為掠奪了臺灣的土地資源，犧牲了臺灣人民的健康代價才換到龐大的財富，為了公共利益，台塑企業的財產應該要重新處分，應該要請他們拿出財產分給全臺灣的人民。你同意嗎？畢竟表面上看來是為了多數人的利益，而且也有充足的理由。

我不會同意。即使我也憤怒台塑企業的行徑，我也同意台塑企業的財產是犧牲了臺灣的許多資源和未來換到的，但是，為了謹守民主的價值，我會心痛地譴責台塑企業，但不會同意重新分配財產的作法，不只是因為這不是公共利益，而且不符合民主的程序和價值。

民主的另一個重要價值，是團體中的每個人都是重要的主人，每個人的基本權益都應該被尊重與守護，每個人的生命、財產、人身安全、言論自由……這些維繫基本的人性尊嚴的種種，都是民主的價值要守護的，絕不可能利用多數的表決或標榜公共利益就能任意剝奪。

我們絕不可能用「民主」的方式去決定，誰能不能來學校讀書，或誰該拿錢出來請大家吃披薩，這是基本民主素養。

我們因此也可以知道，**實現民主，不只是成員們要能獨立思考、充分討論、廣納不同的聲音，還要能守護民主的內涵讓它不致淪為多數暴力或民粹。**

守護民主的果實

前面說到民主的成本不低，其實成本最高的，是爭取民主的代價。一個美好的制度絕不是天上掉下來的，而是在不斷抗爭、犧牲、嘗試錯誤與修正之後，一步一步慢慢靠近與實現。

因此，那年夏天許多人守護大埔四戶就不只是在守護這四個家而已，拆政府的口號當然不只是憤怒的宣洩，那些反媒體壟斷、支持關廠工人、反核、南榕廣場的命名、吳育昇的罷免，還有近來的反課綱微調……這群人守護的正是我們好不容易走到這裡的民主價值，是多少人流血流淚犧牲生命家庭破碎，所爭取到的民主進程。

你和我，不曾犧牲什麼卻而坐享民主之成的我們，至少要做到，持續關心這片土地發生的這一切，把民主這件事看著、捏著、在心上守著；需要的時候出聲、必要的時候踏出去，在班級、學校、社區以及社會，每個稱為團體的地方。如此，我們才稱得上是民主的一員，也無愧於民主的價值與實現。

他們說社運學生沒禮貌

二〇一四年六月，馬英九總統與中國簽下《海峽兩岸服務貿易協議》。消息傳來，一片譁然，這樣攸關全民生計的重要法案簽署，竟然直接跳過專業的評估與民意機關的審查，由總統一人的意願去執行，難道我們回到了獨裁的時代？

為了擺脫獨裁的罵名，我們的國會補開了十場公聽會。國民黨立委趁亂在國會的廁所前宣布開會，荒唐至極地三十秒內通過了一讀。

反黑箱服貿的行動於是展開，一群學生在網路上號召，原預定包圍立法院，後來乾脆直接衝入議場內宣布占領立法院，為了不讓立院裡的學生被驅離，立院周圍也開始集結大量的民眾——源源不絕的物資與人潮從四面八方而來，立院前後的青島東路與濟南路擠滿抗爭的人群。

同年三月二十四日有另一群人眼見抗爭沒有回應闖入行政院，遭警察暴力驅離。三月三十日，黑潮五十萬人湧入凱道。

這是太陽花學運——臺灣民主發展史上關鍵重要的一場運動。在這場運動中我們聽到許多聲音，各種憂慮伴隨著漫天評價產生。到底這些占領立院闖入行政院的是不是暴民？社會上期待的溫文有禮的學生是不是已經幻滅了？

親愛的孩子，也許你也在電視上看到了那些畫面，一大群人打破玻璃、扯掉門把、闖進政府機關，還抬起椅子疊在門口……不管你從哪個角度看，這些都不是日常生活中守秩序的好學生該做的事。這些「脫序」、「沒禮貌」、「會鬧的小孩有糖吃」的評價我們該怎麼看？

大人也要對小孩有禮貌嗎？

講到禮貌，我想起小時候的一件事。讀小學的某一天，我那個很少去學校的媽媽突然很慎重地問我：「每次進你們教室時，全班都會

中國與臺灣依據《海峽兩岸經濟合作架構協議》（簡稱ECFA）第四條所簽署的服務貿易協定。

一起喊，到底在喊什麼？」

我回答她：「就是『客人好！』啊。」因為是鄉下的學校，反正除了我們認識的老師主任校長，全是「客人」。我們就必須要有禮貌的問候。

這個有禮貌的舉動卻讓我媽媽覺得困擾，她說，她不知道該怎麼回應？她很認真的問我，才小學的我努力回想，其實大部分被問好的家長也不知道如何回應，微笑帶過罷了。質樸的媽媽大概覺得這樣太無禮，問我說：「那我回答『小朋友好』可以嗎？」我不置可否的回應。

隔天，媽媽來找老師，一進教室，我們全班喊：「客人好！」媽媽突然面向全班，彎腰至少八十度鞠躬，大聲回覆：「小平魷好！」同學笑了，我覺得有點不好意思。

回憶起孩時那個小小的腦袋對禮貌的解讀，禮貌從來就是小孩分內的事，長輩若也跟小孩講禮貌便好像怪怪的。事實上，現今的校園比之我小時候確實自由開放了許多，不必每天升降旗，也不必常常站在大太陽底下聽台上扯很久的訓話。但對於禮貌的要求還是差不多：要尊師重道、遇到師長要問好、跟長輩講話要謙遜有禮；我所在的學校校長很明白地要求學生「愛清潔、有禮貌、守秩序、勤讀書」。

但講禮貌這件事從來不會在教師聘約或教師研習中被要求——學校若有老師大聲辱罵學生，甚至動手打學生時，老師通常會被理解為「太認真」或「求好心切」，而被勸導的理由也絕不會是「這樣對學生太沒有禮貌了」。

其實我想說的是，待人有禮貌應該是尊重他人的表現，而且「尊重」這種感情，不受年齡、性別、職業、國籍等條件限制，「有禮貌」更不該簡化成有權力者對下位者的要求。大家乖乖的尊師重道，謙遜有禮，這樣不好嗎？我想提醒你，檢驗學生學到的究竟是溫柔謙遜的價值，還是被奴化被壓制的犬儒文化？只要看長輩對孩子的要求能不能讓孩子反向要求？大人的無禮能不能被孩子同理質疑。

是的，孩子，我們學會的並不是彬彬有禮的人際對待價值，這叫做奴化的禮貌教育，我小時候學到的是，現在看到學校裡講究的也是；而那些學生占領立法院、攻入行政院被認為是不禮貌的世代，這裡的禮貌也都是！

並不是鼓勵你做個粗魯不文明的孩子，而是希望你能弄清楚禮貌的規訓期待把你變成一個怎樣的人，而當其他更重要的、更需要守護的價值出現，你願不願意冒著被大人指責不禮貌的危險去爭取？

民主的號誌燈

我們一定遇過壞掉的紅綠燈。當那個路口的號誌燈壞了，而且很不幸的，你的這一邊正是長長久久的紅燈，請問你會怎麼做呢？你真的會乖乖等在線內，直到有人來把號誌燈修好嗎？還是確定它故障了，看看兩邊來車少了，也就過了？你會因此愧疚自己不守規矩闖了紅燈嗎？你會去警察局自首乖乖的繳上闖紅燈的罰款嗎？

自由與規範間有個最核心的概念——規範的目的是為了要更自由。脫離以自由為目的的規範，其實根本不值得遵守，或者說，我們應該檢討這樣的規範。

規範和秩序，就像路口的號誌燈，我們倚靠它的指示前進或停下來，我們信任它、遵守它，是因為可以得到更安全更有效率的方式前進。紅燈時我願意停下來，因為我相信下一次綠燈時，其他方向的人也會停下來，我可以安心的前進。

我遵守規範，因為這樣可以換到更大的自由。但如果規範壞了，它不再為我的自由而閃亮，那我還必須遵守這個規範，讓自己困頓無法前進嗎？

三一八學運中，衝進立法院、行政院的舉動，被許多媒體定調為脫序、暴民，而事後，政府還揚言要對闖入的學生提告、索賠，你看見其中的荒謬了嗎？就像號誌燈壞了，你不去修理，卻反而追著闖過壞掉紅燈的人開罰單。這些參與學運的人，不管是闖入立院或守在立院外靜坐，大家所呼籲的正是希望政府修好「法治」這個號誌燈，好讓「民主」可以順利的回家。看到號誌燈壞掉的眾人並沒有直接越線呼嘯而去。這些人不但放下了手邊的學業、重要的生活與工作，大家守在那裡，告訴政府這個民主的號誌燈壞了，等著政府出來面對。讓民主這條路可以繼續暢通。

可惜的是，政府無視於號誌燈的故障，還在繼續喊著：「請大家要遵守交通規則喔！」偏偏民主的號誌燈其實更需要時時去維護，有時民主的故障，我們很難察覺，或不以為意，之後這個故障就會一直壞下去。

民主是什麼？臺灣民主了嗎？我們對民主國家的期待是什麼？如果你對臺灣歷史有一點瞭解，你會知道，從日治時期開始，臺灣就一直有人前仆後繼的奮鬥，希望臺灣能脫離被殖民的命運。只有脫離被殖民，臺灣人民真正作主才有可能實現，而人民作主的能力是否足夠，可以從你受的教育，以及你如何看待自己與國家的關係來看出端倪。

讓規範與自由共舞

親愛的孩子：

這個深秋，是新北市進行各種形式的音樂比賽的月分。

在我的學校，孩子們正在這個小團練室裡練弦樂。我很難形容當時的感動，我聽到孩子們共同演奏的聲波，撞擊著蒼白的牆、漏水的天花板，還有我遲鈍的耳朵。我知道這是累積了長時間的練習，與不斷的在每個聲部間磨合的努力。

登上舞台的日子越來越靠近，孩子們的眼神裡專注中透露著疲憊，充滿鬥志裡還是隱藏著貪玩的心思。我看見指揮老師在樸拙稚嫩的樂音裡雕琢，誰該在什麼時候大聲，哪些人又要在主角獨奏時襯底。奔放的、熱情的、悲傷的、低訴的、對話的、較勁的……我很懷疑這麼小的孩子是否真的知道，這些形容詞與他們演奏樂音的相關性？但這童稚、沒有修飾的歌聲，我仍覺得悅耳動聽。

一面欣賞著，一面也在思考，這是一場囚禁還是修練？是往獨裁的虛榮，還是藝術的想望？

我想起四月運動會的那場大會舞，全六年級的學生在操場上拿著彩球舞動表演。也許是因為人數太多，也許是因為不斷想起練習時指導老師高分貝的辱罵聲，總之這場表演我難以感動，甚至有些厭惡和同情，厭惡整齊畫一的動作捆綁著孩子的笑靨，同情孩子無法樂在其中，也難以抵抗。

我也在思考，這是一場規訓，為了取悅掌權者？還是往藝術的美麗前進一些？多數的人整齊畫一不美嗎？以群體的形式跳支舞不是很常見嗎？到底絃樂表演和大會舞，有什麼差別呢？不都是一場規範指導下的演出？

規範是什麼？是自由的對立？還是道貌岸然的指標？

規範為自由而生

請想像一下原始的生活，大家不必上學，沒有人規定你要做什麼，也許你會開心大叫：「哇！自由了！」沒錯，自由了。但我們必須再深入想一想……

沒有人被規定必要之事，大家只剩為了生存而努力，找食物、找安全的棲息處。天地無限寬廣，可是，你卻哪裡也去不了。怕不小心成了野獸的食物，也怕不小心跨越了不明的邊界，被其他群體攻擊。

於是有人開始組織其他人，有人狩獵、有人鑿井、有人建屋、有人守衛、有人照顧孩子……你開始比較有安全感，生活的品質也提高了許多。但是，你也知道，你被規定了工作！你已經脫離了一開始時完全沒有任何規定的那種自由！

是的，「規範」這個東西的出生，原就是為了大家可以有更美好的生活！

你也知道，有組織就有領袖，有階層關係。「權力」也就跟著誕生，但大多數的人不會介意，因為有組織、有群體的歸屬，讓人有安全感。你知道你被指派的工作，以及被規範的規矩，是為了讓群體更好，也一起享受這分大家共同經營的美好。

可是，「規範」這東西一旦生出來，就會不斷的繁殖擴張。漸漸的，規定女人只能好好照顧孩子，不能去捕漁打獵；建屋的、捕漁打獵的、鑿井的，不同的工作應該要穿不同的衣服；不同家的孩子一出生就被規定應該要從事什麼、不能做什麼。你可能會開始感覺到綁手綁腳，但因為那個安全感，那個讓群體更美好的想望，你還是會乖乖的遵守規範。

直到，有人發現，因為規範，自己反而離夢想越來越遠——有個女人夢想著當個航海家到處去冒險，但規範說：「不行，女人就是應該好好照顧家庭。」隨著規範而衍生的各種群眾聲音也開始指責——不安於室、不守婦道、破壞規矩、搗亂秩序……有人辱罵、有人被處罰、有人被燒死……幸好有人開始反省！

這時候才發現，「規範」可以讓生活更美好，但它也可能會失控。失控繁衍的規範，會像野獸一樣吃掉一些人的夢想，甚至傷害一些人的生命

這東西一旦生出來，要消滅真是難上加難。

鍛鍊更有力的思考

有個差點被遺忘的東西，叫「自由」。回到一開始的想像，我們

知道完全無規範並不會讓我們更自由，反而讓我們無所適從。

那到底什麼是自由？不被囚禁是一種自由。但如果你有能力可以走得更遠，也有能力看得更多，聽得更細微，思考得更深，那是更高遠的自由。而你更可以乘著這寬廣的自由，往自己的夢想飛去！

能力需要鍛鍊。有力量的身體，需用體育的知識與技能來培養，於是你遵守體育知識技能的規範；一樣的，我們需要更敏銳的邏輯思考來看懂這世界許多運作的方式，也需要更具創意與感受美的能力來接應豐富的藝術；還有，更銳利的耳朵、更飽滿的眼界、更深刻的思考，好聽見看見感受更美好、更精彩的世界與生命。為了更有力量的翅膀，我們都必須先接受且遵守這個領域所加諸的規範，待我順利穿戴這些重要的配備，也許我就能掙脫規範，乘風而起，探訪夢想的國度，或往更神祕未知的領域開發。更或許，我也會飛回原來的地方，重新審視原來的規範有沒有其他更寬廣的可能？

另外，往各自的夢想前進需要秩序來鋪路。就像往遠方旅行的路會需要一些交通規則，好讓前進的人們不致對撞混亂。因為秩序，讓你平穩向前，安心在自己的軌道上往夢想前進。而秩序，是規範的作用。也許我們可以有這樣的結論——規範的目的，是為了更自由！因此「規範」並不是「自由」的對立，相反的，「規範」是為了「自由」，也為了更幸福的可能而存在。

等你考上好學校再說？

讓我們回到學校的現場，我們常常談起很多奇怪的校規，像不能穿深色的內衣、限定頭髮的樣式（髮禁）……怎麼穿制服、穿襪子、裙子要多長；什麼時候、什麼人、什麼課，要做什麼事，不能做什麼事。很多校規令人啼笑皆非，而說明這些校規的目的更令人不知如何以對，像「學生要有學生的樣子」，「穿著打扮太花俏會影響念書」或「談戀愛會影響功課」，這些邏輯充滿謬誤，而且偏離了「規範，是要讓我們更幸福美好」的目的。

就連學校設立的主要目的，也應該是為了讓孩子們可以更靠近夢想，可以想望更美好的未來。身體的規訓非但沒有必要，還會扼殺了孩子對自己身體的掌握與感知。更何況，那些「學生的樣子」或「成績功課」的目的，與更美好的人生似乎並不直接相關。但何以會生出這麼多莫名其妙的校規呢？

也許我們可以回頭想一下那些失控的規範。領袖、掌權者，原是為了讓大家更幸福而存在，但是管理群體的權力容易讓人迷失，漸漸的，「管理」會從手段的位置跳起來變成主要目的，說好的「讓大家更幸福」、「實現夢想」、「更美好的未來」，漸行漸遠，取而代之的是「學生的樣子」、「秩序」、「成績」、「安全」、「美觀」、「群體的利益」。

於是，快樂不重要，甚至有害；愛情，這個字眼連談都不要談；美麗，你想誘惑誰？自由是什麼？學生談什麼自由？太自由是有罪的；夢想，等你考上好學校再說吧！

因此，美好活力充沛的青春模樣，在校園裡被填充了枯燥、呆板、充滿教條與規訓，成為沒有自信、沒有想法、沒有自我主張的空洞靈魂。

對很多孩子而言，「遵守規範」是從小被耳提面命的重要規範，許多孩子一進入團體，第一件事常常就是找到這個團體的規範，以便能好好遵守。因此，規範早於群體誕生。可惜的是，進入學習的場域，最重要的不就是冒險與探索？在空間裡冒險、在知識裡探索、在人際相處裡尋求各種互動的可能；然後，在各種混亂、失敗與衝突磨合中，規範慢慢產生，為了讓大家都能學習得更有效更自在，也是為了更美好更幸福的規範。但是，當規範早於群體的組成誕生，所有的價值都被事先確立，但進來群體的孩子這麼多樣，合於規範的被認為是好學生，無法做到的被認為是壞學生，階級與對立於是產生，衝突當然也無法避免，只是此刻的衝突已經難以形成或修正規範了。

有一天，你當上班長……

遵守這些規範很難嗎？不，恰恰就因為它很容易，容易得讓人忘了防守警戒。有些規範，就算它不是規範，很多人也早就這樣做了，但重點是為什麼要訂出這樣的規範？「訂出規範」其實也就訂出了價值，同時也透露了這些管理者心裡的群體圖象與目的，而我們也就可以辨認，這些管理者是被權力操縱的魔鬼，還是為孩子追求更幸福的天使？

甚至，我在很多班級裡也看見了有些孩子擔任幹部，會複製學校師長的姿態來管理班上的同學。我可以想見，不管是幹部還是被管理的同學，長大成為社會公民時會如何看待「規範」？是為了管理？還是為了更幸福？

文明的進程已經告訴我們，束縛女人的規範、貴族與平民壁壘分明的階級、有色種族的歧視……都逐漸的瓦解，我們的世界正往更平等、更美好前進。因此，我想告訴你，沒有愛、不能讓人更自由的規範，並不值得遵守與服從。就算還無法撼動這些固執又冷酷的規範，我們也必須學會辨識與反省。只有這樣，當你有能力貢獻社會、發揮影響力時，才能創造幸福的未來！

反旺中兩三事

我們都知道自由很重要，但有時候，一個自由會吃掉另一個自由，接著它會像《神隱少女》的無臉男，不斷壯大一口一口地吃掉其他的小自由，最後，我們所擁有的，只剩扭曲的侷限的奴役的無知的，你以為的自由。

親愛的孩子：

最近新聞裡不斷重覆出現幾個關鍵字：旺旺集團、中嘉、黃國昌、走路工……對於涉世未深的你來說，可能還不知道大家在吵什麼，但在你決定忽略或跟著搖旗吶喊之前，我想先跟你說：孩子，等一等，像我之前總是要提醒你的，先看一看你行動的價值是什麼？

讓我先用淺顯的文字稍微說明一下上面的關鍵字——

旺旺集團：這是一個很有錢的財團，老闆叫蔡衍明，他可是臺灣最有錢的人之一。它生產出許多你身邊不斷看到、吃到、用到的東西，像《中國時報》、中視、中天綜合台、中天新聞台、中天娛樂台、還有你吃的旺旺仙貝也是，可以說是非常強大的集團。

中嘉：也是另一個公司，代理幾個很大的頻道，像TVBS、東森等。（你們看的很多節目都是這兩家公司出品的。）

旺中合併：旺旺集團最近想要把中嘉買下來。

黃國昌：一個教授學者，他很擔心旺中合併以後，就會變出龐大的媒體勢力，這樣對臺灣的平民百姓可能是一種傷害，所以他站出來大聲反對旺旺和中嘉合併，當然也號召了其他人一起反對。

走路工：當黃國昌老師呼籲反對旺中合併的活動之後，也有一群學生出來響應這個活動，但後來中天記者拍到有人發錢給這群學生（走路工）。也就是說這群學生可能是被人收買來抗議旺中合併。中天的記者懷疑這些學生是黃國昌老師安排來抗議的，不過，黃國昌老師一直強調他不認識這些學生，也從來不會叫學生來參與他進行的活動。所以到底是誰叫這些學生出來？這是一個懸案。在真相出現之前我們可以先不要管，但應該要記得這件事。

孩子，你可能會覺得這件事跟你好像沒什麼關係，而且有人會說：有錢買東西難道不是他的自由，旺旺想要買中嘉，有什麼不可以，這樣不是妨礙了他的自由嗎？

學校是不是曾經談過生物多樣性這個議題，為什麼大家盡量不要種像馬櫻丹、非洲鳳仙這些外來種植物？這些植物生長迅速又能開出美麗的花，為什麼不種呢？就是因為我們期待能維護生物的多樣性，生長迅速會占據更廣大的植栽面積，壓縮了別的植物的生長空間，美麗的花更吸引昆蟲助其授粉使它繁殖更快。這些植物本身並沒有錯，但為了讓更多不一樣的植物也能生長，我們可能必須壓抑它們一下。

至於生物多樣性有什麼重要呢？扼要的說：這件事跟正義、自由的概念一樣，都是很重要的價值。

前面才剛提到了自由。如果你出門只有一條路，商店就只有7-11，吃飯只有麥當勞，其實你並不會覺得不自由，因為沒有人將你關起來，或規定你不可以做這個或只能怎麼樣，但是你真的自由了嗎？如果你所處的環境叫你只能有一種選擇，只讓你知道局部的資訊，漸漸的你就會習慣這就是你的生活，然後你連自己不自由的認知都沒有。

也許你會說，怎麼可能只有一種選擇，你看，電視不是一百多台、商店有7-11，也有全家、萊爾富……餐廳就更多了，再怎麼樣都不可能變成只有一家。

就拿商店來說吧，你還記得小時候街轉角的雜貨店嗎，現在變成什麼？主流的媒體像空氣一樣把一些主流的價值觀滲入你的思考，於是你開始覺得效率、明亮、乾淨、秩序、舒適……是重要而美好的價值，你開始選擇7-11而不再去那間擁擠的小雜貨店，它關了你也不覺得生活有什麼影響，因為全家萊爾富還是到處都有，而這些便利商店的樣子也都越來越相似，除了招牌，你其實很難辨認這是哪家。

再來說學校旁的那間麵店，原本只是暗暗小小的，擺幾張折疊桌，但是麵的味道讓人想念。最近發現它改頭換面，裝潢得明亮有設計感，漲了價，麵的味道卻走味了。

電視台真的是一百多台嗎？這其中有多少根本是同一家，即使不同家很多節目的樣貌也越來越相似，歌唱比賽節目、政論節目、綜藝節目……一個像過一個，也都有一定的觀眾和收視，好像一開始就設定為觀眾毫不在乎原創和品質。

也許你的生活看似有很多選擇，但其實這個城市的樣貌已經越來越呆板，價值越來越單一，我們也漸漸活得越來越像。

所以，為什麼我也要反對某一個媒體越來越大？一個媒體的聲音重覆作響你可能還有警覺，但它如果化作很多個，讓你以為這是很多人的想法和意見，不但會讓不同想法的人以為自己小眾或錯誤，也很容易讓不同的意見消音。而如果這個不同意見反應的對象就是這個媒體時，這個大媒體更是可以有恃無恐的用各種方式打壓扭曲這個意見或發言人，於是敢發言的人越來越少，你所能聽到的想法，甚至你自己的想法也越來越狹隘。

旺旺這個大集團先前做了什麼不太妥當的事我們就先擱下，單純的來看看你最近所看到的事件，以及這個事件本身教了我們什麼：當有人反對我們的作為或決定，我們的作為應該是正面的與對方討論「為什麼你要反對？」、「對於你的意見我如何回應？」、「我想這麼做的原因是什麼？」、「我想要怎麼說服你？」或「我要如何考量你的思考來修正我的決定？」……但這個集團並不是這樣，而是開始跟拍反對的人的一舉一動，捉這個人各種小辮子小動作，然後再利用強大的媒體勢力全天候播送，企圖告訴其他人——這個人會亂丟菸蒂，所以他的言論不值得重視；這個人會收買別人來反對，所以很多人反對其實都是受他收買的……然後，很多人就開始模糊了焦點，不再去思考原先的議題及影響，而是關心這個亂丟菸蒂的人到底有沒有發走路工收買學生？這個反對的人到底有沒有什麼不單純的原因？原來那個很重要的議題呢？混在這些煙霧裡我們還看的清嗎？喔，難道只要我有錢有勢，我是可以不必好好坐下來跟對方談的，搞一些小動作讓對方疲於奔命，也讓其他關心的人分神分心分不清楚是非黑白。

錢在這個資本主義的社會算是很萬能，它不能直接出價買你的靈魂，但它會想辦法買你的眼界、買你的耳聞，然後逐漸攻陷你的思考、侵占你的靈魂。

如果你還有些感知，你會發現這個世界其實仍在多元多事的前進著，倫敦奧運已經開賽了、美麗灣的爭議還在東海岸拉拒、美牛通過了、華隆的員工還沒領到錢、核電的爭議也沒落幕……如果一個媒體花很大的篇幅告訴你某個教授亂丟菸蒂，而不是帶你看這個世界正在發生的許多事件，你一定要思考這個媒體運轉的價值和它企圖怎麼帶你看這個世界？

回到先前說的「自由」，也許你也體會到了「自由」這個概念是很弔詭的，我可有遮掉你眼睛的自由？我可有不讓你愛上另一個人的自由？認真的想，我們所有的人都不自由，因為生存在這個群體共舞的社會，誰能真正不受影響呢？或者說我又怎麼能全權決定由誰來影響我呢？最重要的是，我是不是能生活在一個容許多元價值、並存多種聲音，也讓我看見多彩樣貌的世界。而且我知道，越小的聲音我越要去傾聽，越陰暗的身影我越要去凝視。唯有如此，我才能從眾多聲響中辨認出微小的歌聲，也才能從光芒耀眼的另一面看見彩虹……自由，才得以散發一點點光彩！

幻影隊長出題時間

一、以家庭生活經驗舉出「民主」、「不民主」的例子。那些「不民主」的事有什麼意義？

二、日常生活中，有沒有什麼規範是你覺得很奇怪？如果不遵守，按照推演又會發生什麼事呢？

三、你喜歡看電視嗎？你覺得自己從電視節目中學到了什麼事？

超力人

第三章

路見不平
我們挺身相助

「美好生活，不該來自剝削勞力與加害弱勢。」

失控的土地徵收

親愛的孩子：

寫這封信時，我的心情有些沉重。最大的引火線主要是因為在我們小小的島上又有人的家要被拆了。

我說的是沸沸揚揚的大埔事件。

有人說這是「大埔四戶」事件，好像只是這四戶人家的事，但其實如果你開始關心這個新聞，你會發現大埔的事件從三年前就開始了。再多關心一點，你會驚訝地發現因為開發或都市更新而引起的迫遷議題，正在全臺灣各地發生——從北到南，有士林王家、淡海二期開發、華光社區、紹興社區、三鶯部落、樂生療養院、台北港、寶藏嚴、還有台南的鐵路東移，東部的卡地布部落……雖然每個迫遷事件各有背景脈絡，但你也不得不驚嘆：小小的臺灣，竟然有這麼多地方、這麼多人無法安穩地守住自己的家。這是社會發展的必然歷程嗎？還是其中有我們必須審慎思考關注的地方呢？

人與土地的共生關係

讓我們來想像一下人和土地的關係是怎麼開始和進展。很早很早以前，我們的祖先在這片肥沃的土地上採集、狩獵、耕作，日出而作日落而息，土地供養著他們簡單自在的幸福。人不擁有土地，土地也不擁有資本價值，人只是輕輕的倚靠著土地，當土地散發疲憊的訊息，人就會離開，移動到另一片土地。

來的人越來越多，人們開始劃地界，區分那是你的土地、這是我的土地，這時因為土地的爭執常常發生，但基本上土地的「擁有者」仍是正在使用、開墾土地的人。這時，人與土地的關係越來越緊密，在土地上滋長的不再只是作物和建物，還有生命的風景與記憶。

之後，連「政府」也來了，政府開始劃分地籍，把土地編號，擁有土地的人被發給一張「土地所有權狀」。這時，正在使用土地的未必擁有土地。地主才擁有土地。通常地主會在自己的土地上建造自己的房子，有的地主會自己耕作，有的是讓佃農耕作，佃農會將一部分的收成給地主當作土地的租金。政府也為了讓人民擁有更好的生活，所以利用國有地或徵收土地蓋道路、蓋公園和球場……於是我們能方便到更遠的地方，也能享受更好的休閒活動及更美好的生活品質。

這時土地已經真正變成一種重要的商品，人們用金錢購買土地，也賣出土地或土地上的作物建物以賺取金錢。這時期，人與土地的關係更密切，卻也逐漸疏離，人們關心的不只是土地肥不肥沃或能種出什麼作物，他們更關心這塊地靠近哪裡，能賣到多少錢。

但是，就在臺灣的發展越來越蓬勃時，人和土地的關係也越來越失控。

不做發財夢，行嗎？

我現在的家在新北市的蘆洲區，聽這個地名就能想像的到這裡之前的風景——到處是蘆葦的沙洲。真的，以前蘆洲土地肥沃、農業興盛，也因為常常淹水，所以人口不多。後來淹水的問題解決了，加上位在台北都會外圍，外地的人口快速的湧入，蘆洲原本的農民一下子變成了擁有大批建地的地主，原本需要辛苦耕作的農地沒了，取而代之的是密集的高樓，還有收不完的租金。

更誇張的發展是捷運來了之後，房子蓋得更高更密集，而且價格漲得更高。我在蘆洲的房子是在十幾年前買的，當時沒有捷運一坪大約十五萬，現在一坪接近三十萬。這樣的房價命運在北部各地非常相似的發展著，當然令人慶幸，但也同樣令人垂涎。這樣的好運要怎麼如法炮製呢？很簡單，如果我有資金，也能預先知道什麼地方即將有重大的建設，我就想辦法在那裡買土地買房子，這樣我就可以趁機大賺一筆。

與其碰運氣或被動的等重大建設，有一些從政者便開始想辦法靠著城市重新規劃，引進不同的元素活絡地方的經濟發展，譬如大型的企業、工廠園區或賭場……這是個財源滾滾的大夢，這個地方的人也許都共同幻想著經濟蓬勃，土地也會跟著水漲船高，人人都可以賺大錢。**這個發財大夢最令人嘆息的地方，是預設大家都喜歡這種賺大錢的感覺，它忽略了其實有很多人喜歡守在自己的一方小土地上繼續日出而作日落而息，也有人更歡喜於窩在自己長年居住的房子裡繼續生命的聚散離合……這是他們的土地，這是他們的房子，他們不願意配合你做發財的大夢，他們想過自己原本想過的日子，這樣，不行嗎？**

大埔事件

大埔的事件在說什麼？我想簡單的告訴你——二〇〇七年，新竹科學園區擴大園區範圍，需要竹南二十三公頃的土地。二〇〇八年，又有一家很大的科技公司（群創光電）想多擴大五公頃；苗栗縣原本有個「竹科銅鑼園區」，裡面還有兩百多公頃的土地沒有人用，但苗栗縣政府仍決定再徵收人民的土地當作擴大園區之用……

你知道一公頃是多大嗎？一公頃是一萬平方公尺，大約是四個國小的操場，也是一百間教室的大小。我們想像一下五公頃、二十三公頃、兩百七十四公頃是怎樣一望無盡的大。甚至有報導指出，苗栗縣為科學園區準備的「閒置地」高達一千兩百公頃，比整個蘆洲區還要大。

經過了公告和很少人知道（只有兩戶參加）的說明會，二〇一〇年，縣政府就決定封路並將怪手開入田中，當怪手將那一大片已經結穗的稻禾毫不留情輾過剷起，那一幕逑說已經不只是失控的關係，那是不折不扣的暴力，對人對土地都是。回想起這一幕我的心還在隱隱作痛，不難想像一輩子總是和稻作一起的農民是怎麼心碎地看待這些粗暴對待，難怪朱家的阿嬤傷心不過便服藥自盡……可是，就算是用生命來控訴，仍停止不了威權與貪婪的下一步！

二○一○年那令人震怒的一幕引起了社會大眾的不平之鳴，當年的行政院長吳敦義安撫憤怒的民眾，他承諾：「可以原地原屋保留。」倉惶的家總算有了平穩的呼吸。但是，不像關廠工人的貸款——等了十六年再來毀約——這次苗栗縣政府只等三年，三年後的現在，當年的良田已經迷失在荒煙漫草中，以為逃過一劫的家竟收到一紙毀滅性的公文，宣告拆屋的日期就在七月。三年前驚魂未定的家人，又再一次面對失去家園的恐懼。就在這個陽光大力刺人的七月，聲援的人群、精疲力竭的四家人、警察、暗處窺視的怪手，這些緊張的對峙與另外莫大土地的閒置。人與土地的關係顯得可笑又可悲，如果真有土地公，面對這一發不可收拾的貪婪，祂該堅持當初守護土地上人們的心願，還是任由有權有勢者將土地宰割？

我不知道這場失控的土地徵收能不能換來工作機會的蓬勃，或地方經濟的成長。甚至科技業的一番榮景。假設這些世代與泥土為伍的小民真的願意進入無塵室工作；假設繁榮真的來了（雖然我覺得機會很低），而這場人亡家破所換來的經濟成長，我們真的會因此感到幸福嗎？

你與土地的未來

是的，這一段人與土地的關係，我說的只是一場為了園區開發所進行的迫遷，關於土地的災難當然不只是拆散家園而已，我還沒說那些過度開發或不當開發的土地破壞與汙染（像RCA這樣的恐怖劇碼也許有機會再跟你們說吧）。

我在我的小屋裡寫著這封信，雖然小屋的房價已然翻了一倍，我的心底並沒有絲毫財富增加的喜悅，我依舊每個月繳房貸（而且還要繳好幾年），那扇可以遠眺觀音山的窗，景色越來越擁擠。我無法想像這場失控要延燒到什麼時候，我想著，我們這一代享受的，有多少是借貸自你的未來？有多少根本是我們無法償還的？我不禁要嘆息。

人心貪婪可能是人性上無可避免的災難，但政府的角色本來應是超脫市場的運作，看見可能的危機，挽救失控的資本主義滲透，守護我們乾淨的、公義的、買得起的、有尊嚴的未來。但是，你看見了這場可笑的徵收，也可能不是最後一場。政府已然化身成更加貪婪的怪獸，拿著公權力的利刃，喊著依法行政的口號為財團披荊斬棘。那些小小的安居樂業的幸福、努力耕耘月換星移後看見稻禾飽滿的喜悅、以為安分守己就能繼續生命風景的寧靜自在……這場戰役之後還能剩下什麼，我一點把握也沒有。

我希望你能知道什麼是我們真正要守護的價值，知道什麼是我們要對抗的壓迫。我知道現在的你什麼都不能做，但你可以把這分關注放在心底，它會累積你成為公民的力量。就算我們在街頭的吶喊能抵抗的有限，我相信你累積的力量會是改變的契機。而其實，我也只能這樣相信。

勞動者的心事

親愛的孩子：

三三一大地震發生的時候，你幾歲？那時你應該還很小，但你的爸媽、家人們，肯定對這次地震印象深刻。

三三一地震中，最嚴重的災情發生在台北一〇一大樓，當時有五個建築工人罹難；但台北一〇一終究是如期落成且光鮮登場，當了五年的世界第一高樓。你跟著家人去過一〇一多少次，有人向你提起那次的災難嗎？一〇一大樓的信義路門前有個工殤紀念碑，你曾仔細看過上面的名字嗎？

你曾認真的想過這件事嗎？當初辛苦建造一〇一的工人們，他們有多少機會踏進自己冒著生命危險揮汗建造的大樓？這裡又有多少店家是以勞工為對象，設計和販賣專屬他們的精品？勞工們可能一點也不在意，他們會說：「反正我也買不起。」

三三一大地震發生時，我正在台南參加小妹的婚禮。當時她很美很優雅的坐在新房裡，我陪著她穿戴首飾。和潔白的婚紗非常不搭的，是小妹的手——那是一雙充滿勞動痕跡的手，粗糙龜裂沒有光澤，油亮鮮紅的指甲油顯得很突兀。她高中畢業以後，就去理髮廳當洗頭妹，洗得雙手傷痕累累，當時的薪水不到兩萬。

我想告訴你的是，勞工，是最容易被人遺忘的一群，有時連他們也會忘記自己的身分。我知道在你們之中，有很多人的父母、家人就是勞工。但到了這個世代，對於勞工的存在，其實更加冷漠。

當「勞動過程」被遮蓋

先說兩個笑話。

有一次我的孩子問我：「為什麼我們不能住大一點的房子？」我微笑的告訴他：「因為我們沒有錢，買不起大房子！」他很認真的對我說：「媽媽，我知道郵局有一部機器裡面有很多錢喔，爸爸都是拿一張卡片插進去，按一按就有錢了。妳去按按看，就有錢可以買房子了。」

還有一次，我在捷運站找不到我的悠遊卡，就在我東翻西找的時候，我的孩子說：「媽媽，其實用袋子直接『嗶』就可以了！」另一個也說：「或者用皮包，這樣『嗶』一下也可以。」

你覺得我的孩子怎麼了？

我小時候，看到阿嬤殺雞拜拜，我會知道晚餐有雞肉可以吃；家附近的廣場在曬穀子，我知道我吃的白米飯在這裡。我假日要跟著爸媽去果園把還沒成熟的楊桃用紙袋包起來；寫完功課就要幫阿嬤做手工；有人在蓋房子，我們每天經過，每天看到房子多一點樣子……那時候的世界總是讓我有機會參與過程，我吃著麵包、讀著書、看著電視，不用太刻意想就知道，我在享用的其實經過很多人的手。

但是，到了現在，你在麥當勞吃炸雞、薯條，通常不會追問，這是哪裡的雞？原來的洋芋是什麼樣子？這些東西經過了什麼處理來到我面前？豬進去，香腸出來；雞進去，炸雞塊出來，因為過程裡有殺戮、有汙穢，有我們不想碰不想處理的那些，於是，這個工業化全球化一堆什麼什麼化的社會，很自然的把「過程」遮蓋起來，「過程」越來越隱密，越來越不容易想像，於是我們看得到接觸得到的世界越

來越乾淨簡潔，越來越有效率。

遮蓋起來的，其實還有千千萬萬個勞動的身影。像你我的爸媽親人一樣，勞動一天回到家，告訴你的，不是今天勞動貢獻了什麼，而是：「你要認真讀書，以後就不會像我一樣辛苦。」

沒有驕傲。辛苦勞動難道不是一種至高的榮耀？為什麼我們不是聽到：「你要鍛鍊好你自己，長大了，就可以像爸爸一樣貢獻你的力氣，造一座一〇一大樓，讓人們仰望。」（有啦，可能是建築設計師或出錢的大老闆會這樣和他的小孩說，總之，不是勞工。）

我甚至還聽過這樣的訓詞：「你看這些工人，他們就是小時候不用功讀書，現在才要這麼辛苦的工作。」

你同意這樣的說法嗎？

你所享受的，捷運、高鐵，那些筆直平坦的公路、高架橋，還有你的衣服、鉛筆盒、書包、手機、相機……還有你吃的食物、飲料，全都不是仙女棒一揮就變出來的。那些被遮蓋起來的辛苦奔波、負重的肩膀、暴風雨或烈日、酷寒酷熱、灰塵汙泥、高處的、強光的、陰暗的、毒氣的、輻射的、可能被燙傷灼傷的、可能爆炸的……種種連形容詞都找不到的危險，只要有一點點想像力，你就不會說出什麼「不用功」之類的話，你會有滿滿的敬意，像我對我的家人一樣。

相信你也會同意，勞工們應該要得到應有的尊敬，也應該得到應有的報酬。

關廠工人為什麼要臥軌？

勞工一向沉默，也容易被人遺忘。但在今年春節前，有一群年老勞工卻掀起了軒然大波，他們向市民道歉，因為他們決定在台北車站臥軌，要求勞委會聽到他們的訴求，也讓我們聽到他們的故事。他們就是「全國關廠工人連線」。

故事的開始在很久以前，約莫一九九六年到一九九八年間，這些工人在當時的一些大工廠工作（你們應該要知道這些工廠的名字：聯福製衣、福昌紡織電子、耀元電子、興利紙業、東菱電子、太中工業），這些工廠老闆突然關廠（其實很多是把工廠移到其他國家運作減低人力成本），那些為工廠工作了二三十年的勞工們，不但突然失業，連退休金、資遣費都領不到；當時這群已四五十歲的勞工們，便要求政府擔起責任。

臥軌在當年已經做過一次了，好不容易得到政府回應，承諾「代位求償」——政府先提撥經費把應得的報酬給勞工們，然後政府再去向這些大老闆們要錢，雖然名為「就業貸款」，但當時勞委會對勞工們說，絕對不會再向他們要錢。因此這些勞工便透過貸款的申請，取得他們應得的資遣費及退休金。因為這次教訓，勞工的權益制度被修得更加完備，不但訂法改善退休金制度，也推動了「失業給付」和《大量解雇勞工保護法》，算是亡羊補牢猶未晚。

但十五年後，勞委會的官員換了人，這些在歲月裡逐漸年邁（或往生）的工人們，卻在去年六月接到了法院的訴訟信函，告他們的，就是勞委會，內容是求償十五年前的「貸款」，再加上這十五年來的利息。當年說好的「不會向工人求償」呢？勞委會說，當年工人申請的是「消費性貸款」（這是什麼？我也不懂，那些被告的勞工可能也不太懂），時間到了就是要還錢。

故事到這裡，也許我們也有些錯亂了，勞委會不是要保障勞工權益的政府單位嗎？它，竟然告勞工。而且，他們也忘了十幾年前是怎麼對工人們承諾的、這就是現在正在保障你親人工作權益的單位，也是你長大工作後可能面臨的政府。

於是工人們有了第二次臥軌，相較於十幾年前，這次的臥軌顯得更加困難，人老了（抗爭時還得帶著藥袋），要面對的責難更大了（聽聽那些聲音「我要回家」、「抬走」、「壓死好了」、「干我們什麼事？」）

「干我們什麼事？」這是我最想告訴你的：這其實就是我們的事。

如果你知道臥軌之前，有多少訴求完全沒有被政府和資方回應；媒體也不會告訴你發生了什麼事，那走到臥軌這一步也就不意外了。他們臥軌，好讓你停下腳步，看看就發生在你身邊的事情；也讓事件夠有爆點，媒體能關注一下……如果你也同意你所享受的是勞工的付出，如果你也關心勞工的處境卻不知道如何表達，那麼這一天因為他們臥軌，而使你晚點才能見到家人的不滿，其實微不足道──或者，我們應該把不滿轉身投向我們養的政府。

臥軌有用嗎？當然，至少勞委會說，視勞工的情況可以少還一些錢，但還是要還（這成語叫「討價還價」嗎？），而且就在五月，這個有我們熟知的勞動節和母親節的月份，法院的執行又要重新啟動了。

故事還沒結束，你不只是看見，你還走在事件發生的過程中。街頭抗爭行動還會再來，如果你遇到了傷心的關廠工人，請給他一個溫暖的擁抱，或一個善意的微笑，告訴他：你真的很勇敢！我充滿敬意，我支持你！

或者，把故事的真相告訴身邊不瞭解的人。讓更多人站到工人的這一邊，也是，讓你的未來可以更有力量的這一邊。

如果你願意進一步了解關廠工人的資訊、最新消息，可以造訪他們的臉書專頁，搜索「全國關廠工人連線」。

移動，為更幸福的可能

放暑假了，你可能有機會在這段時間遠行，也許是和家人旅行度假，或者探訪親友，總之，你可能會短暫的離開自己居住的地方，移動到另一個也許陌生也許熟悉的環境。相信大部分的人都會因為遠行的計畫而感到雀躍，我們想像著遠方的美景，還有那些未知的旅程會帶來怎樣的際遇或驚喜。

但你可知道，有一群從遠方來的朋友，就在我們四周，他們有的來工作（我們稱移工）；有的準備來過他們的下半輩子（我們稱移民），他們有一個很重要的共通點——千里跋涉，為了更幸福的可能。

當他們出發，懷著幸福想像

和你一樣，遠行前大家對於未來的美景都充滿期待，但是，移工們離開家的第一步，以及踏上異國土地後的每一步，都比土生土長的我們艱辛許多。

五年前，我們家也來了一位印尼籍看護幫我們照顧失智的阿嬤，也因為如此，我才得以近距離看見移工的處境。

她叫安娜，是個總笑容滿面的年輕女孩，有著一對深邃漂亮的眼眸。孩子們很喜歡和她一起玩，安娜姊姊還會教他們說印尼話、唱印尼童謠，我在一旁想跟著學，但也只有讚嘆的份，因為這種語言發音繁複，說起話來舌頭像在口腔裡迴旋跳舞一般，我很笨拙的模仿，但舌頭舞技拙劣，幾個月後，我還是只會數字一到十，像「謝謝」、「麻煩你了」這類家常話還是搞不清楚。一面學，我不禁一面想著，那她學習中文，很順利嗎？

踏出自己熟悉的土地，她不只是要學習語言而已。申請成為「移工」來台，總是要先繳一筆為數不低的費用給仲介，通常他們付不起這筆錢，所以出國前就會先向銀行貸款，大部分的移工在還沒賺到錢時，就已經負了一大筆債，會有這般破釜沉舟的決心，是因為他們相信這趟遠行，一定能給他們更大更美好的幸福。

心之所繫卻皆在遠方

安娜剛開始工作一年多所賺的錢，幾乎都付給了仲介，真正所得相當有限。原以為之後能有比較好的下一步，沒想到安娜打電話回家，得知她的母親不小心跌倒，傷得頗重。幾番掙扎後，安娜毅然放棄即將提升的待遇，決定回國照顧自己的母親。她說：「我在這裡照顧別人的母親，自己的母親卻沒有人照顧，這怎麼可以？」一個年輕女孩能以自己的母親為重，我的心裡深深佩服。

看著安娜照顧婆婆的背影，我也望著當時才一歲多的女兒，想像她的未來。想著，她將來會出國照顧別人的母親嗎？安娜的母親，又會怎麼想像她的女兒呢？安娜的姊姊也在臺灣當看護，我問安娜對於出國工作照顧阿嬤的看法，她說：「很好，這樣可以賺錢。但我希望我的妹妹可以不用再這樣出來工作。」她的眼神裡有淡淡的憂鬱。

我想起，她曾經在某個夜晚講完電話後獨自哭泣。「想家嗎？」我問，她搖搖頭，沉默垂淚很久之後才說，這天，她之前在家鄉的男友車禍往生了。在異鄉聽到這樣的消息會是什麼心情？心之所繫的親友在遠方，生離與死別，直接混合成無能為力的錐心之痛……再來一次，還會這樣選擇出國工作嗎？安娜沉默，眼神依舊憂鬱深邃，我讀懂了那個答案，她想說的是，「這不是我能選擇的，我只是被選擇的那個。」

改變國籍，也改變貧窮的命運？

小金是我在新住民的電腦班裡認識的好朋友，她從越南來臺灣十幾年了。當初會來臺灣定居，是因為結婚，但在臺灣婆家的日子並不好過，後來還是離婚了。越南的娘家希望她回去，可是放不下兩個女兒，她依舊留在臺灣。

小金目前和臺灣的朋友共租一間套房，每天在市場鵝肉攤幫忙，賺取微薄的薪資；對她而言最重要的事情，是每個禮拜找時間到學校看她的寶貝女兒。前陣子遇到她，發現她手受傷了，看起來傷得不輕，原來是切肉時不小心切到了自己的手，但她依舊洋溢著溫暖的笑容說：「還好啦，沒關係的。」

小金長得白皙甜美，在婚姻仲介之下，還沒二十歲就隻身嫁到臺

灣。談起當初的決定，小金笑得很靦腆，她說：「為了更好的生活。」一

來到臺灣，為了擁有臺灣的身分證，必須放棄越南的國籍，每次返鄉看母親、姊妹，她都必須以外國人的身分辦簽證。一開始她是開心的，她想，改變了國籍是否也改變了貧窮的命運？但美好的想像，漸漸在難以化解的猜忌和惡劣的對待中瓦解。舉目無親，且必須承受放棄女兒監護權的痛苦狀態下，「離婚」絕對是萬念俱灰後最無奈的決定。

離婚後，那張臺灣身分證顯得格外諷刺，她很想拿回自己的越南身分，回到母親身邊，她的家人也都這樣期盼。但是，兩個年幼的女兒卻帶來沉重的拉扯，因為她們，自己的家鄉成了另一個遠方，她咬著牙，決定在女兒成長的城市裡繼續安頓下來。

安娜回國了，小金留了下來。幸福這件事，在他們倆的心裡，還是出發前的樣子嗎？

不同國籍和臉孔，相同期盼與牽繫

孩子，你有夢想嗎？

世界很寬廣，但在這個資本主義全球化的時代，許多夢想就這樣被併吞了。有些國家搶先取得了優勢，掠奪了各種環境資源後搶得先機，臺灣算是其中之一。於是許多東南亞國家的人民，願意遠渡重洋來臺灣工作，或到臺灣找尋更幸福的可能。

在我居住的城市裡，經常可以看到移工的身影。在車站、捷運、餐廳、公園，或是往哪裡移動的人行道上……我也經常在校園裡或上學途中，聽到不同的口音，對孩子說著相同的叮嚀。

看過一群和安娜一樣的看護移工，一起在公園裡開心聊天，在她們身邊的，是坐在輪椅上的阿公阿嬤，我聽到身旁有路人在說：「你看這些人來我們這裡就是這樣撈我們的錢，她們不好好的工作，把阿公阿嬤推出來偷懶。」我想著，此刻我不也是推著孩子，和朋友一起在公園裡散步，享受和煦的陽光和徐徐涼風嗎？但我知道他們說的不是我，而是那群和我們不同膚色、語言的人。

也曾經聽過有人這樣批評移民媽媽：「這些外籍新娘連ㄅㄆㄇ都不會怎麼教自己的小孩？」「很多人嫁到臺灣都一直寄錢回家。」「有人來這裡生了小孩，然後帶著小孩偷跑回娘家。」……我想著，我的母親也從來沒教過我任何學校的功課，我不也好好長大了？不懂ㄅㄆㄇ就不能教自己的小孩嗎？我寄錢回家給我的爸媽，身邊的朋友會稱讚我孝順，那麼新住民朋友寄錢回家，有什麼不對嗎？而若有人帶著孩子偷跑回娘家，我們難道不擔心——她在婆家受到怎樣的對待嗎？

移工或移民，和我們有著不同的國籍、語言、臉孔和膚色。但其實，我們有更多的相同之處，我們都有夢想、有自己愛和牽掛的人、都希望自己得到友善的對待、都期盼自己和所愛的人能有美好的未來。

幸福，來自理解和友善合宜的對待

孩子，我不知道你會怎麼看這些和我們有一些不同的人？又或者，你的親人就來自不同的國家。

誰不希望自己生長在富裕的家園？但又有多少人可以如願呢？於是大部分的人就像我，我們選擇在自己熟悉的土地上努力工作，為自己和心愛的人打拚未來；而那些遠渡重洋而來的人們，卻有著更大的勇氣和決心，到完全陌生的地方面對更艱難的挑戰，就別說有很多人來臺灣承擔的，是更繁重的勞力、更危險的工作。他們絕對值得我們報以更大的敬意！

於是，面對菲律賓的軍方攻擊臺灣漁船的事件，你會知道那和在臺灣的菲律賓人是不相關的。就像你聽到有老師不當的體罰學生，你不會因此而害怕和討厭所有老師一樣。我知道，有時候我們會被莫名的義憤填膺沖昏了頭，找不到真正的兇手出氣，於是沾點邊的也就遭殃了。當事情冷靜後，也許你會更清楚的看見我們社會的盲點，也更明白的看到移工或新移民朋友在臺灣社會的處境。

因此，看見移工或移民朋友，也許我們可以多一些友善的笑容，也能多一點耐心，聽懂那不一樣的口音想傳達的心意；在對方遇到難題時也能多一些協助。聽到不恰當的言論，你能辨別得出來，就算你難以反駁制止，至少不會複製歧視與欺凌。

追求幸福，不都是我們共同在做的事嗎？也有很多臺灣人在其他國家追尋幸福，多一些想像、理解，也多一些友善合宜的對待，相信我們共處的這片土地，會是滋養幸福的應許之地。

超力人出題時間

一、試著為家人解說「大埔事件」的由來與你的想法。

二、你想像中，對勞工來說最好的工作保障是什麼？如果你以後開始工作，希望得到政府什麼幫助？

三、你聽過樂生院、RCA、永豐餘等事件嗎？可以和同學分享你對這些事件的看法嗎？

彩虹喵

第四章

先理解生命
再追求改變

「不分性別、性向，
每個人都有追求幸福的權利。」

友善校園的模樣

親愛的孩子：

我常在各種場合聽到「友善校園」四個字，配著這個口號，還會喊出「反霸凌」、「尊重」、「性別平等」等等的字眼，但你真的了解這些名詞在說什麼嗎？

聽到「友善」，你想到什麼？是朝會上振臂疾呼的口號，還是微笑的臉、和善的言詞。

有些人可能會覺得這不關我的事，因為我既沒有霸凌別人，也沒有被霸凌；有些人可能會想說，下次被欺負的時候，要去跟學務處說，但真的可以說嗎？主任耳提面命：要真的有被欺負才可以，隨便亂告狀是不行的。那什麼樣才算「真的有被欺負」呢？

從兩個故事說起

小偉從小二開始就知道了一個關於自己生命的祕密。他的視線總是落在鄰家的小男孩身上，他知道那個關於王子與公主的童話並不屬於自己的生命範疇。在看不見任何跟他一樣的人的狀況下，他甚至覺得自己像個怪物。他討厭自己，更恨自己的母親。

小學四年級，小偉站在家裡的陽台上，踢著已經鏽蝕得很厲害的欄杆，他想著，如果欄杆斷了，也許從陽台摔落就會被認為是意外，這樣，對於疼愛他的阿嬤和爸媽傷害可能小一點。

欄杆終究沒有斷，體貼、善解人意的小偉依舊孤單無依、帶著不解，還有如影隨形的自我否定走下樓梯。

小偉究竟遭遇了什麼？其實他並沒有被欺負，成績不錯，在同學間人緣也很好。所謂「遭遇」，我想恰恰相反，而是他應該遭遇的、看見的、聽聞的一直沒有發生。

另一個故事——每年到了母親節，學校又開始接二連三的舉行感恩活動，甚至為此辦了社區運動會，這時候最夯的話題：「媽媽，謝謝妳！」

但對於歡歡來說，這是最讓她感到困窘與憤怒的時節。媽媽從小就離家，爸爸照顧管教她的方式就是打，勉強說疼她的就是阿嬤，但阿嬤一天到晚說媽媽有多壞，叫她不可以學媽媽。在她逐漸長大後，她開始懷疑也許是爸爸把媽媽打跑的，但何以媽媽從不回來看她呢？尤其在校園裡一片感恩聲中，她開始懷疑否定自己，她想著：「為什麼每個人都有一個偉大的母親，而我沒有？我真的這麼糟嗎？」

小偉和歡歡的校園不友善嗎？表面看起來其實一片平靜和善，為什麼他們這麼不快樂，這麼否定自己，小偉甚至想自殺。

如果校園服務的都是主流價值下的學生，而看不見不同的孩子還有不一樣的需求，這樣的校園夠「友善」嗎？

友善校園的想像

翻開我們的校規，裡面林林總總的規範，全在規範學生要怎樣怎樣，其中不外乎強調安全、秩序、有禮、負責……孩子，回想一下你的校園生活，每天上學、朝會、上課、下課、做健康操、護眼操、參加各種比賽、聆聽各種宣導；同學、朋友、老師在你的身邊來來去去……你可想過什麼樣的校園生活是你最期待的、最想要的？

於是，也許我們該重新來想一下「友善校園」應該具備什麼？肯定不只是微笑和善或口號而已。

教學十幾年，看著孩子們來來去去，我總要不斷的問自己，孩子究竟需要一個怎樣的校園？上學，或者說「教育」這件事的本質是什麼？

我想，其中有個重要的元素，一定是「學習」，但「學習」的說法感覺比較被動，換另一個更精準主動的詞，也許可以說是「探索」──對「知識」的探索、對「情感」的探索、對「權力」的探索，以及對「探索」的探索。

不必過份強調和諧

你以為「知識」就是課本上說的那些嗎？我認為那只是基本的層次，只是單純的輸入、考試或寫作業機械般的輸出。但對知識的探索其實還包括學習理解知識的方法、對知識本身產生質疑，還要知道我們學的知識在知識的版圖中占了什麼樣的位置，我和知識的關係是什麼？為什麼我要學這些？是誰規劃了這些學習？他的期待是什麼？這些是我要的嗎？

我期待一個友善的校園，不但要能燃起孩子對於「知識」的熱情，也要能在知識當中看到自己。所以，在「性別教育」裡必須能照顧到所有生理性別、性傾向、性別認同、不同族群、不同的性別關係。像小偉這樣的孩子，就能在這塊教育版圖中看到自己，他不會覺得自己是怪胎，其他的小朋友也因為看到多元的性別呈現而產生自然而恰當的對待。

對於「情感」的探索可能更加細微——我在群體的關係為何？我想和誰當朋友？我喜歡什麼特質的朋友、老師？我期待別人怎麼對待我？愛情來了，我怎麼看待、怎麼決定、怎麼應對？

因此，一個友善的校園，不必強調「和諧」，反而會在所有的衝突裡讓孩子看見彼此的不同並學習合適的應對關係；每個孩子生命裡情感依附的遺憾，都應該在友善的校園裡被看見。即使歡慶母親節，像歡歡這樣的孩子，也能在關懷體貼中看見不同的家庭結構及難處，體認家庭的困境並不是自己的錯。

友善的校園，也絕不避諱談論愛情，這是每個生命都要面對的功課，從小小的開端我們就要歡喜面對、期待分享。我們可能看到孩子體驗愛情的魔力，也會看到愛情的殺傷力，但一個友善的校園，將有能力支撐、支持孩子走過傷痛，並在這當中得到力量，面對下一段未知的情感。

關於「權力」的探索，是我覺得所有的探索裡最具挑戰的。校園裡不同的角色互動，體現了不同的權力關係。校園運作的決策者是誰？他的考量和目的是什麼？這裡面我的需求是否有被看重？

在群體中你扮演什麼角色？你將被賦予什麼責任？你將被如何期待？你又如何被對待？你將面對什麼難題？你的能力足夠嗎？你又如何評估「權力」與「責任」？而面對不對等的權力關係，如老師、團體的規矩，你選擇順從還是抵抗？要如何應對？你的思考是什麼？

學生，既是校園權力關係中的最弱勢，卻又是教育的主體。老師或學校的運作常常便宜行事的喊出「我是為你好」，好像這樣就能合理化所有的作為。因此，一個友善的校園，權力作為的拿捏，一定也是老師和校長、主任在所有的舉止對待、校園運作中要不斷自我提醒與學習。

面對孩子在「權力」的探索，一個友善的校園，不管是老師或行政人員，必然樂見挑戰，而且能引導孩子在權力的位階裡思考。讓孩子看見「權力」，也就能看清自己常常不敢言說、不敢抵抗的來源。於是那些騷擾和侵犯，或名為「霸凌」的不當對待，你也就能勇敢的拒絕和抵抗。我說的權力上位者，可能是老師或長者，但也可能是一個多數的群體，或這個群體中的優勢者。權力的關係無所不在，所以，一個友善的校園，不但要讓你看見權力的運作，也要能給你面對權力上位者的挑戰能量。

自由與愛的本質

探索的話題最後總要回到探索本身。你終要探索你的生命、追尋你的夢想，校園裡能給你的，不過就是給你探索的能力、支撐你追尋的力量。

如果「禮義廉恥」這樣的道德標準終究要慢慢退出教育的舞台，

那我們現在到底想在校園裡追尋什麼價值呢？對我來說，一個在小學教書十幾年的老師，在孩子們的笑靨裡聽過幾千幾萬次問好，這個問題也不斷的在我心底重覆作響幾千幾萬次，而過濾掉千萬個道德教條口號，最後留在我心底的，其實僅剩下微微發亮，一息尚存的「自由」和「愛」而已，它們圍繞著生命的本質，支撐著生命的需求。

自由，並不是那個讓你為所欲為的自由，而是竭盡所能讓你能發現自己實現夢想的自由，而愛就是過程中所有的手段和目的。我認為所有脫離這兩種目的的知識或道德，都不值得認識與服從。所以，有些訊息暗示你，身為男生或女生應該長成什麼樣子，應該如何舉止，或適合從事什麼工作……這些當然不值得理會，甚至你或校園裡的師長都應該要警覺，這些言論可能會限制了你的夢想，也限制了你自由美麗的生命型態。但是，這些訊息總是會幻化成各種形式，如影隨形的在我們周遭讓我們防不勝防，一個友善的校園，必定是有能力也有膽識可以辨認出魔鬼的細節，也要在課程的設計或班級的經營中，讓你學會辨識的能力和抵抗的勇氣。

另外，校園裡一貫的對「性」焦慮，對「愛情」懼怕。而一個友善的校園肯定能審視自己焦慮與懼怕的來源，重新看見生命的本質與需求，並支持孩子面對青春可能的挑戰，讓孩子看見情慾的原貌，也看見法律的規範；面對情感的需求，也還給孩子選擇的自由；讓孩子享受情感的喜悅，也有力量承擔情感的挫敗。讓「自由」和「愛」，在性與愛情裡更加閃亮。

因此，我認為一個美麗友善的校園，不必然是整齊井然有序的，但它肯定是充滿各種可能、呈現生命的多樣性與充滿愛的相互對待。可能混亂、可能沒有效率，但每個生命都能被看見、被理解、被溫暖的對待；可能犯錯，但每個錯誤都能被真誠的反省，每個挫敗都能被支持、被勇敢的面對，也都能因此而得到更強大的力量。

孩子，有很多字詞在被反覆廉價的操弄之後，已然喪失了它原本美好充滿尊嚴的模樣，你總是一再聽到有人在談「尊重」、談「包容」、談「平等」……彷彿這些價值只要反覆被言說之後就能被看見；好像這樣，那個我們期待的美麗校園就可以更靠近。但是，這些字眼卻越來越像一個又一個的煙幕彈，越一再被說，美景就越模糊。

於是，你會想起有些話是這樣說的——

「我很尊重同志，但請不要在我孩子的班上。」

「我包容所有的孩子，但為了他的未來，我希望他能更陽剛，不要那麼像女孩子。」

「現在的社會已經很平等了，你看女性不是都可以讀書，也都可以工作了。」

當我們原本用來形容美好關係的言語，也被拿來包裝歧視，或作為裹足不前的絆腳石，我又如何帶著你看見校園應有的美麗景致？你的人生在重要的開端就要在校園裡經歷十幾年，你怎麼能一再在模糊的迷霧裡度過？

因此在我想跟你談的友善校園，我期待你可以慢慢辨識出它們原本還沒被教條僵化被煙霧瀰漫的美好模樣。

校園裡的女性身體

看見青春

禮賓

今年新北市輔導團員的授證典禮跟往年一樣隆重。局長一一授證給每一位團員，也一一握手拍照。其中最刺眼的，應該是那些主辦單位忙碌的禮賓，穿著一致的服裝，穿梭往返遞送證書，一律都是女的。很巧的，局長是男的，科長也是男的，對照之下，頒發性別平等教育的輔導團證書似乎有些諷刺。

我想起我也曾經擔任過禮賓。那是學校二十週年的校慶，校長決定要擴大舉辦。其中有個頒獎，是給在校服務二十年的老師，還有一些資深的志工，這個頒獎儀式非常慎重，校方決定邀請學校裡較年輕的女老師擔任禮賓。我很高興能獲選為禮賓之一。頒獎當天戴著白手套遞送獎狀和獎品。

但我到底在高興什麼？

就像現在每每在重要的典禮上看到女學生穿著綠色童軍服笑容可掬的遞送獎品，還有口齒清晰聲音甜美的司儀梳包頭穿旗袍唸著手稿。我可以感受到女孩們的愉悅。我相信能為人服務當然開心，但我覺得不對勁，也為自己十幾年前的開心覺得納悶。回想我自己上台領獎都比不上當年當禮賓時的興奮。

我後來漸漸有點懂了，當禮賓是一種身體的展示，而領獎是榮譽，領獎只是短暫的一時，而且重點在獎，而不是我這個人。但是當禮賓什麼也沒有，穿梭送獎就是在展示自己的身體，所以為何禮賓長久以來通常是女性？因為大家預設覺得女性的身體較男性的身體美麗，而女性也樂於這樣的跑龍套展示角色，女生從小不管是暗示或明示，都認為自己被觀看是理所當然的事，甚至有些竊喜，所以女孩們習慣了被刻意打扮成同一個樣子，花枝搖曳的去服務，也是去妝點舞台，大家賞心悅目，台上台下都開心，也習慣了男長官、女禮賓的組合。

被觀看有什麼不對嗎？當時我不也感到愉悅嗎？如果我跟台上遞聘書給局長的禮賓姐姐說：「妳為什麼要答應做這件事？難道他們不會去多找一些男的嗎？」這樣我是不是在歧視禮賓這個工作？有人樂於被觀看有什麼不對嗎？

三八

秀秀老師每次談起她班上的曉晴就透露她的擔心，她說：「妳看她的打扮，真的是……真的是很三八。這樣出去一定很容易被欺負。」曉晴在便服日這一天穿著細肩帶和短裙，還配一雙低跟的女鞋，走起路來會有叩叩叩高跟鞋一樣的聲音。六年級，但看起來很像是十八歲的成年女孩。

我每次都很堅定地告訴她：「不要這樣說，好像被欺負都是女孩子自己的錯一樣。孩子正在嘗試自己身體的各種樣子，每一種特別的裝扮都在展示她自己，既然要尊重孩子的主體性，就不應該輕易貶低她跟其他人不同的地方。否則每個孩子看起來都差不多，多無聊啊！」

講得多理直氣壯，但是……我剛剛不是才痛恨女性總是被觀看嗎？怎麼換個場景，我就變成觀看的支持者了？

而對於秀秀老師的擔心我覺得非常熟悉，我記得自己年輕的時候也經常被這樣提醒著——服裝儀容要端莊，行為舉止要婉約優雅，這樣才不會惹人非議，也才不致招惹鹹豬手的侵犯。

青春的伸展台

我思考著這其中有什麼不同？

我自己愛怎麼打扮，期待自己可以用怎樣的姿態被觀看，我應該有充分的主導權（不過當然也未必，那些偶像媒體社會眼光的操縱也是很難避免。但至少這樣的操控不像頒獎台上那麼直接）。男孩女孩的青春情愫在即將長大的身體裡有難以想像的爆發力，每個孩子都有自己想要成為的模樣，世界正無限可能地開展著。

而頒獎台上的走位僵化呆板，雖然目光聚集且掌聲連連（雖然都不是對著自己而來，但難免會有被注目的錯覺）。這些禮賓被觀賞的姿態總是充滿父權的操縱與貶低。

於是，在我看來，校園裡不准裝扮太「三八」顯然也是父權的伎倆。因為太過自由的美麗顯得充滿威脅，除非經過允許（比如頒獎台）否則不在父權的控制下的亮眼，就是超過，就是三八，顯示著應該要被約束，甚至暗示著可欺負！

我期待老師們能在校園裡看見孩子真正想展現的模樣，而不是重重制服包裹下一致的身體。這樣的看見是結合了自在的外表與美好的靈魂。

看見女老師

說得出口的身體

這學期的第一次社群專業成長，邀請到勵馨基金會的嘉鴻來談《陰道獨白》這個劇本。我期待能有更多人參與討論，於是希望課程組長能將此次專業成長在研習系統登錄成公開的研習，我寫給組長課程的名稱、講師、日期時間。

隔天，我接到課程組長的電話，她跟我說研習登錄好了，但那兩個字改掉了，什麼？哪兩個字？陰道嗎？她說她和前任課程組長都覺得不適合：「這兩個字不適合出現在公開的地方，何況妳又要登錄成全市的公開研習。」

我很驚訝，我告訴她，《陰道獨白》這個劇本已經在一百多個國家翻譯成五十種語言公演，就算是登錄成國際的研習都沒有問題吧?!

但她說，我們只是小學，不需要說這兩個字。

「小學生沒有陰道嗎？更何況這是老師的研習……」後來我警覺到自己的咄咄逼人，其實我面對的不就是曾經的我嗎？都是受害者，沒什麼好責備的。我站在對方的立場告訴她，我明白她的疑慮，我知道她面對這兩個字的尷尬，但這正是這個劇本想要破除的，也是我們這個研習最重要的意義，我期盼能讓「陰道」這兩個字見光，這樣我們的研習才算真的有辦起來。我也期待組長能一起來參加。

最後，我順利為我的研習正名，但我仍沒辦法讓「陰道」這兩個字從組長口中順利講出。我體會得出其中的尷尬混合著隱晦汙穢，與從小到大的身體箝制。

連說出口都這麼難，那又會如何看待自己的身體？又將如何教孩子看待自己的身體？

舒服，行不行？

每年都要教孩子如何面對性騷擾的議題，我們最常說的一句話就是：「不舒服的感覺，就是性騷擾。」但是，**這其中我們一直沒有好好面對的課題是，如果沒有不舒服，或者直接一點說，如果很舒服，那還是不是性騷擾呢？我將這個疑問問我的同事們，大家的反應都是，怎麼可以覺得舒服？好像簡直是大逆不道。**

連身體的感覺都有政治正確，是嗎？

回憶裡的身體抉擇

我想起自己在國高中的時候，我也曾經跟身體有一場拉鋸戰。

記得在國三時我們都被規定要留校晚自習，還記得那天晚自習下課後，我騎著腳踏車回家，在那條巷子的轉角，我的腳踏車後座突然跳上來一個人從背後抱住我，我嚇得跳下車來。我知道這個人是誰，他是B段班的男生，總是在下課的時候隔著走廊一直叫我的名字，讓我很困窘也不知如何以對，而他現在竟然做出這種事，他說：「妳怎麼都不理我？」我帶著生氣和恐懼搶過腳踏車疾駛回家。但當我跟媽媽提起這件事，她將我大罵一頓，我的母親對我一向寬大溫柔，而今天明明是我被侵犯，她竟然罵我？幾十年了，我還記得那個教訓，媽媽想告訴我的是：「女孩子不應該讓自己的身體吸引人！」（當然，只有國小畢業的母親不會說出這麼精準的話語，她用的是辱罵的詞彙和警告。）

我當然相信媽媽是愛我、為我好，她自己也是這樣被教大的。而且不止她，還有學校的老師、護士、教官（而且都以女性居多）總是不厭其煩的耳提面命，好女孩應該是端莊自持、守身如玉。好像男性每天都在虎視眈眈、獸性以待，等著妳露出一截大腿他就有足夠的理由撲上去大咬一口……於是女孩對自己身體的方式最好是束之高閣，離自己遠遠的，不要去想它是什麼樣子、它有什麼感覺、它期待怎樣的對待。

當然，男生並不都是野獸，女孩也並不都是清心寡慾、玉潔冰清，我自己就是，常幻想著牽手、擁抱、親吻是怎樣的感覺？我有兩個選擇，一是循著老師給的路前進，壓抑屏棄這些汙穢的幻想，繼續當個守身如玉的好女孩（我覺得這個選擇比較容易，但一直抵抗誘惑，還是很辛苦）。其二，就是放棄好女孩路線，投效魔鬼，認真策劃一場戀愛，好儘快體驗那些身體的接觸是什麼感覺。（對一個第二志願的女校來說，會有這種選項簡直是離經叛道。）

我選了第二條路。

期待校園的身體革命

對於後來成為老師的我來說，我很高興自己當年選了第二條路。於是我可以認真不迴避，面對孩子在身體與慾望上的各種話題和挑戰，因為我自己有身體上抵抗與回歸的經驗，與孩子的對話常常可以不避諱就直搗核心。而我也發現現在的校園在看女性的身體這部分，比起我當年所面對的並沒有比較進步或開放。當年選擇第一條路的女孩再進入校園成為老師，就像我們學校的組長一樣，繼續複製當年的價值觀，依舊對身體疏離，甚至恐懼。

但是，現今孩子身處的環境誘惑卻遠遠的高出我當年。網路只要連上線，往哪裡都可以，十八歲的界線形同虛設；媒體裡的男女主角（不管戲裡還是戲外）都在上演著荒誕的劇碼……世界變了，但校園裡的保守氣氛並沒有走，所有的女學生仍被暗示著被強暴的種種可能和責任。身體的慾望既是汙穢而不可言說，關於那些我曾經也有過的幻想，隱晦陰暗的流竄在老師母親們看不見的溝渠中。於是安全的性行為是奢求，非預期懷孕、吸毒、兩小無猜、自殺……受苦的全是孩子。

因此，我期待一場校園的身體革命。希望師長們能脫掉保守的沉重控制，重新喚醒自己的身體感知，是解放自己，也面對傾聽孩子的需求。而且相信孩子有選擇和承擔的能力，另一方面也成為孩子最大的支持，當困頓、意外來臨時，有自尊有後盾的孩子也不致被打垮。

有時候我會相信，一個美好的世界，就是要往汙穢惡臭裡去尋找。

那件高捷外套下的性、隱私與自由

孩子，發生在高雄捷運上的外套事件鬧得滿城風雨，你一定看到了這則新聞，也聽到了許多評論和回應。但這類小新聞其實來得快也去得快，我想在這個事件還沒從你的腦海中被其他事件洗掉前，和你好好談談，關於高捷上、那件外套下，我的思考。

從影像攝影硬體的數位技術普及了之後，幾乎每個人都有數位相機，手機也都搭載了高畫數的相機功能，連街上的監視攝影機，也多到讓我感覺一出門就在緊密的監控之下。於是，原本可能只是單純的人際互動，加上鏡頭的催化與傳播，事情常可能失控，或朝意想不到方向的發展。

不同的時代、不同的社會，對「性」或「隱私」的想法當然有不同的接受度，如果我們還停留在男女生不能隨便牽手，女性穿褲裝出門就會惹人非議的時代，或許根本沒有討論這件事的空間，但以現今臺灣社會的開放程度，我認為我們的社會，應該可以在這個程度上認真面對思考。

外套下的想像

看到你們談起這則新聞時臉上浮現的詭譎笑意，還有嘻笑打鬧的講著捷運上不能飲食的規定，我當然不會笨到相信你們真的在談捷運的飲食，但我從那些隱晦雙關的話語中，不難揣測你們腦海中對於「性」的想像。

不管從生理需求的角度，或兩情相悅的情慾吸引，我們似乎都很難找到非在捷運上進行不可的理由。但它發生了（也許不算眾目睽睽，但也算是眾人心知肚明），也在你們的笑鬧間知道這件事似乎類比於你們超齡流傳的情色影片。因此不難想像，雖然成年但還很年輕的當事者，和你們一樣，是如何在想像「性」這件事。

我知道，那其中絕對有很大的成分是關於冒險的。就像你們在下課時群聚討論那些影片或書刊荒誕誇張的性遊戲，最離譜的是你們的學長竟然有人在上課時比賽打手槍……我回想著自己也曾經對性好奇的年歲，對照著現在網路資訊唾手可得的時代，那些沉重的禮義廉恥道德枷鎖，早在越來越繽紛多元的社會價值中被釋放。你們的青春，關於性的想像，已經不再困於孤單苦悶的軀殼中。

於是，高捷上蓋在外套下發生的事就不難理解，我想像著兩個人的話題，突發的奇想在眼神間交會，狡黠的笑、膽量的較勁……然後展開外套下的行動。

這場青春的鬧劇最大的敗筆，就是沒有把在場的其他人一起考慮進來。他們沒有顧慮到大多數的乘客其實還在悠悠晃晃的腳程裡，並沒有跟上那個活躍冒險的步調，於是，冒險成了挑釁，也在眾人難以適應的目光中，得到了猥褻的罪名。

網路的社會暴力

我認為隱私是一種界線的宣告，也就是說，我用一些方式宣告這是屬於我的隱私，不管這種方式是不是夠隱密夠周全，只要宣告了，都是屬於隱私的範疇。

所以，在我自己的家，我不必把門窗關得密不透風，或把窗簾拉得沒有任何光線，任何人都不應該用望遠鏡偷窺我在家裡做什麼；即使在公共場所，我只要穿著衣服，不管是迷你裙或露背裝，任何人都沒有權力偷窺我的身體，身體就是我的隱私。

如果你覺得衣服是我的界限，我的穿著打扮「不得體」，你大可在心底自己嘀咕「世風日下道德淪喪……」，當然你也可以反省自己的觀念是不是太過保守陳舊，總之，你腦海裡的，也是你的隱私，沒有人可以觀測你的眼神透露了什麼而攻擊你的思想。

有人很喜歡說：「如果是問心無愧的正當事，何必怕別人看？」說這話的，通常是在宣稱自己沒有做任何見不得人的事；但他可能沒有想過，自己睡覺、洗澡、上廁所也很正當，但何以不會在大庭廣眾下進行？

推到其他的事也一樣，每個人都會有自己隱私界線的拿捏，有些人覺得穿著露背吊衫超短褲出門無妨，有些人就喜歡穿長褲長襯衫，但是，當我穿著露背吊衫超短褲，不代表我就必須接受其他人不友善的注目，或對我有任何輕薄舉動。

當這個社會有越來越多人，出門時打扮的和大多數人不一樣（就是以前有人會說的「奇裝異服」），我會相信這個社會已經越來越進步開放，因為這表示有很多人願意信任，其他的多數人不會惡意批評他，也顯示社會主流的多數人習於見到不同的打扮觀點，而給予友善的個人空間。

現在，讓我們回到高捷上的那對年輕男女。

如果我們同意隱私是一種界線的宣告，那他們蓋上外套，外套下的世界就叫「隱私」，你要如何臆測或想像，就請停留在你的腦海。

我知道，有時候會有外套蓋不住的端倪透露出來，可能引發某些人的不舒服，或認為不恰當，那就勇敢一點，當場去對當事人提醒一下；有時候我們選擇不說，可能是為了避免尷尬，或覺得沒什麼大不了，我們可能會選擇離開、不讓自己再繼續不舒服……但最不恰當的選擇，就是拿起手機或攝影機拍下自己覺得不妥的畫面，而且散播出去！

我想給那個拿起攝影機拍攝的人一些忠告：在你拿起攝影機的當下，對於外套下的事，你的心裡必定有些臆測，這些在你腦海裡的的想像，同樣發生在其他看這影片的人心裡；如果你當時覺得那是不妥、不恰當的，也許你應該關掉攝影機，走上前去，告訴那對年輕朋友你的疑慮和不舒服。但如果當下你有所顧忌，或認為這是他們的隱私，那你就該關掉攝影機，離開那個讓你不舒服的地方。

我認為「暴力」已經化作各種形式，拳頭或武器反而讓人有所警覺，但利用影像召喚人們原始的偷窺慾，再喚起多數人對性的嫌惡和恐懼，去想像外套下發生的事、加以撻伐，甚至集體人肉搜索找到當事人，再以公權力逼迫對方屈服……這整件事，就是一種徹底的暴力形式，但多數人不但沒有察覺，還跟著起舞，主流媒體不但沒有「傳播可能造成傷害」的敏銳度，還變本加利操弄閱聽者對性的焦慮。

這整件事，在我心底除了憤怒，還有相當程度的恐懼。

無所不在的「老大哥」

在捷運或高鐵上，你會常常擔心旁邊的人是不是就是炸彈客嗎？這些陌生人是不是會突然襲擊我？或突然發動什麼可怕的暴力舉動？不，我想你會無憂無慮的滑著手機，或是和我一樣，常常不疑有他的呼呼大睡。

人和人之間，其實存在著一種基本的信任，即使是陌生人，我們仍相信彼此是理性、友善、可溝通或願意溝通。這樣的信任，與其說是相信人性本善，不如說這是一種必要的需求。如果沒有這樣的信任，我們將寸步難行。

我們難免要遇到一些唐突或難以適應的狀況，比如坐在身旁的旅客睡得太熟了，呼聲震天，我們可能覺得無傷大雅，也就一笑置之；但如果他睡到頭靠在我的身上，我可能會有禮貌的輕輕推醒他，以免我繼續處在不舒服的尷尬中。如果遇到有人在捷運上吃零食，我們可能也會客氣的提醒他，捷運上不能飲食的規定。

基本上我們相信，所有善意的提醒都會得到理性的回應，這是一個現代社會中，既緊密又疏離的人際關係的基本信任，這也維繫著高度密集的人群互動中，一個友善且讓我們得以稍微喘息的空間。

且讓我們想像一下另一種互動模式——捷運上有人睡得呼聲震天，有人覺得被吵到了，但他不好意思去說什麼，就用手機拍下這個睡姿和呼聲，傳到網路上，也藉此警告在捷運上睡著的人，要小心自己失態。

看到有孩子在捷運上吃零食，或嘻笑玩鬧、看到老人不讓座；旁邊的人也不多說什麼，默默拍下來傳到網路上，讓其他有正義感的鄉民們人肉搜索，孩子們開始在校園裡被警告、被辱罵捷運上的行為，或讓警察有證據執行捷運上來不及開的罰單，藉此警告孩子們不守規矩或不敬老尊賢可能遭受的處罰。

這些畫面被新聞炒作之後，大部分的人可能都忘了那個拿起手機拍攝的人，其實是在現場、最直接可以改變現狀的人，但他卻只是膽怯的選擇偷偷記錄，讓當事者在事後被群眾懲罰，而記錄的人卻從來不必現身！

於是，我的行為不再只為自己負責，我還必須戒慎恐懼於別人的監控視線。若我很疲累或有其他考量，很想坐在博愛座上，但我不敢，因為我擔心不知道躲在何處的拍攝者，會冷不防記錄下我的「不當行為」而被群起撻伐。這樣的擔心，不但嚴重傷害了人與人的基本信任，也壓縮了人群互動所留下的友善空間。

只要是無法從外觀、從短時間裡看到的當事人處境，就不再被體貼理解，也沒有言說的機會。遑論那些超越一般道德界線的行為，不

但沒有任何修正或對話的空間，大批群眾的逼視與指控，更讓這個社會可能退回保守難以前進的窘境。

喬治．歐威爾筆下《一九八四》的恐怖世界，就是透過鏡頭監視來控制所有人的行動。如果我們沒有警覺也沒有任何抵抗，漸漸的，我們所身處的世界，就要變成用鏡頭囚禁你靈魂的城市。而其中「老大哥」的角色，就是你我所組成的社會，所共同扮演的。

釐清對正義的想像

有人說，至少高捷上的這對男女是誠實的，因為在被人肉搜索出來之後，他們很快就承認了外套下進行的，就是大家所想的那件事。但我卻要說，這份誠實正是整件事的致命傷。

他們不是沒有感覺到自己有隱私權，也不是沒有想要控訴拍攝者，但因著攸攸眾口的指控和壓力，他們很快的「認罪」了。我並不是在鼓勵狡辯，而是希望若他們有所抵抗，能讓這次的社會波瀾多一些思考，也多一些沉澱。

不管從這件事中你學到了什麼，我希望你能釐清你心底對「正義」的想像，還有審慎思考實現正義的方式。關於「性」，能自我約束當然很好，但我不希望你在這次的事件中學到對於「性」的恐懼，只要顧慮法律的規範，兩情相悅的「性」終究是美好而愉悅的。

想想許多搖滾樂手，把「性」放入歌詞裡抵抗世俗的價值觀，搖滾樂因此而令人激賞，並在音樂史上擁有了不朽的地位。還有種族隔離時代的美國，那個在公車上不讓座的非裔女人，這個不守規矩的開始，讓美國在種族平權上有了重大的進步。

這樣的例子不勝枚舉，當然也有人犧牲了，他們的勇氣與抵抗，讓我們的思維和社會道德的綑綁，因此得到了大大的長進與解放。自由，正是靠著這樣一點一滴對禁忌、規矩與道德的越界，才慢慢得以伸展，每個時代，都要面臨新的思考與挑戰，然後，我們才得以更靠近美好的世界。

《一九八四》是喬治·歐威爾在1948年完成的反烏托邦小說。書中呈現的正是利用監視製造極權統治的恐怖世界。「老大哥在看著你」是小說中常見的標語。

讓家更自由

開學沒多久，老師就請全班小朋友要帶全家人的相片來學校，美勞課要做相框，剛好可以把家人的相片放在裡面，分享給全班小朋友看。小月帶來一張全家人出去玩的相片，畫面中有媽媽、爸爸，她和妹妹，全家笑得很開心。但在介紹家人時，小月沒有說太多：「這是我和妹妹，媽媽……爸爸。」她的「爸爸」講得很小聲，我知道那是因為她還不太熟悉這個稱呼。事實上，在幾個月前，她還只是稱這個人「叔叔」。但即使稱呼了「爸爸」，她還是知道這個爸爸和其他同學的爸爸是不一樣的。

在小月五歲的時候，她原來的爸爸就離開家，她不知道為什麼？媽媽變得很沉默，也更奮力埋首工作。媽媽的某個部分好像也不見了，她每天晚歸，不再作飯也不再唸故事給她和妹妹聽，她們姊妹倆的三餐都在幼兒園解決，晚上回到家看電視乖乖等媽媽回來。

直到叔叔出現，小月總算看到媽媽有了笑容。叔叔對媽媽很好，對她和妹妹的照顧也無微不至，她們都很喜歡叔叔，希望叔叔能當她們的爸爸。雖然後來叔叔住進了他們家，但叔叔和媽媽卻不能結婚。最大的阻礙是因為叔叔的孩子反對。

叔叔的兩個孩子都長大了，在人生打拚的階段。他們並不是不希望爸爸找到幸福，而是現實裡，他們希望爸爸曾經和過世的媽媽共同打拚的資產繼承不要又生變故，這是可以理解也很實際的考量。叔叔很重視自己孩子的意見，也覺得到了這個年紀也不必計較一個儀式。但事情卻沒有自己想的那般容易。

相愛的人會希望能住在一起相互扶持，也希望能共同照顧年幼的孩子。而要住在一起已經要經過非常多的掙扎，住在一起後也還有許多難題要面對。

小月雖然喜歡叔叔，但在心裡仍感受得到別人的異樣眼光。她仍不知道怎麼介紹他，算不算家人？學校要求的各種表格，學籍表、輔導紀錄表、健康紀錄表，其中的爸爸欄，還有監護人，還必須填那個早就面孔模糊的人，甚至是每天都要簽名的聯絡簿，每天都有各式各樣的事情在提醒小月面對這樣的掙扎，為什麼真心愛她照顧她的人不能更理直氣壯的出現在這些欄位裡？連到幼稚園接妹妹放學，叔叔都無法理所當然地出現？

要升上三年級的暑假，小月一家人共同走了一趟小旅行，旅程中他們決定，要對「叔叔」改口稱「爸爸」。姊妹倆都同意，這個稱謂更貼近這個真心愛她們、為她們全心付出的男人。

但是，這樣事情就圓滿了嗎？

家的難題

小馨的母親是個浪漫但貧窮的藝術家，她還沒結婚就生下了小馨。小馨剛出生時是讓阿公阿嬤扶養的。在小馨三歲時，小馨的母親在台北找到不錯的工作，於是就接小馨到身邊照顧。一起照顧小馨的還有小馨媽媽的伴侶，也是另一個女藝術家，小馨叫她「媽咪」，小馨可以感受到媽咪和生她的馬麻都全心愛她，盡可能地照顧她。後來這個家又來了一個新成員，那是媽咪的朋友，原本是逃離了家暴的婚姻獨自到台北租屋，但媽咪邀請她來同住，一方面共同分擔房租，另一方面也可以彼此照應。

因此來接小馨的會有三個不同的女人，「馬麻」的頭髮很短很短，肩膀與頸部的地方露出一段古典圖騰的刺青。「媽咪」有著披肩的長髮，常常穿著民族風的長裙，配上大大的項鍊。「阿姨」有張娃娃臉，配上運動T和牛仔褲很像大學生。小馨優秀有活力，她的功課總是完整又充滿創意。每天放學時，不管來接她的是哪個女人，她總是快速背著書包撲向對方懷裡，臉上滿是幸福而自信的笑容。

但好景不長，小馨五年級時，馬麻檢查出得了肝癌。阿公阿嬤趕到台北來照顧她，但其實阿公阿嬤已經年邁，媽咪和阿姨擔起主要的照顧責任。而兩老可以幫忙接送小馨。可是，每次醫生檢查後的報告或醫囑都必須要阿公阿嬤在場才能說，媽咪和阿姨都覺得很無奈，連後來病情危急在加護病房，也只有阿公阿嬤才能進入去看她，留下媽咪和阿姨在外面乾著急。事實上，在馬麻離開世間時，她最愛的伴侶仍無法握她的手見她最後一面。

馬麻走後的家陷入一陣低潮，全家都像被馬麻缺席的難過淹沒了。而緊接著還有更大的難題，就是小馨的監護權，沒有任何血緣的媽咪和阿姨都沒辦法取得小馨監護權。小馨只好轉學到苗栗的鄉下和阿公阿嬤還有舅舅、舅媽一起住。假日時媽咪和阿姨也會來看她，或帶她出去玩。但也許是因為環境適應不良，也可能是因為即將青春期的孩子很難理解，兩個月後小馨就無預警的自己離家到台北找媽咪，後來這種情況越來越頻繁，阿公阿嬤很傷腦筋，大家都在思考著怎麼辦才好。他們也都覺得如果小馨能在台北跟媽咪和阿姨一起住，也許能得到更好的照顧，可是，這件事似乎困難重重！

當家的形式更多元

有孩子問我：「臺灣不是早就有同志結婚的新聞了嗎？為什麼還要修法？」

其實同志結婚的新聞，只是呈現了同志渴望結婚的訊息，還有他們期待能透過結婚的儀式，告訴社會，同志和其他人一樣，也希望能和所愛的人相守到老，但事實上，同志的婚姻並沒有法律實質的認定與保障。

在臺灣早就有很多人為了各種因素而住在一起，不管是為了照顧對方、相互陪伴，或省房租，住在一起並不需要辦理什麼法律上的手續或填申請單。像小月後來的爸爸，雖然和小月像一家人住在一起，給這個家經濟上的支持與實質的陪伴照顧，但只要他和媽媽沒有結婚登記，他和小月一家就沒有法律上的保障。

法律上的保障有那麼重要嗎？如果我們的生活都平安順利，也許還看不出來。頂多是像小月這樣，填資料表的時候心裡有些小疙瘩，但填完也就過去了。擔心的是一些其他的狀況，像如果爸爸在外面發生了什麼意外，小月一家可能沒有機會立刻被通知；如果是媽媽有什麼意外，爸爸也沒辦法簽手術同意書之類的東西，還有就像小馨馬麻的例子：心愛的人病危，他／她也沒有加護病房的探視權利。如果媽媽不幸像小馨馬麻這樣往生了，小月的爸爸也會因為沒有姊妹們的監護權而無法再繼續照顧她們。

因為目前無血緣的家庭關係在法律上主要以婚姻制度來維繫，婚姻裡的權利與義務規定卻未必符合每個人的需求，像小月爸爸原來家庭成員的考量，以致小月爸爸無法和媽媽結婚或很多老人家只想彼此陪伴照顧，已經不想再走「婚姻」這繁瑣儀式，卻因此難以取得家庭關係上的保障。

而我們目前的婚姻制度也規定只能一男一女的結合，所以像小馨的馬麻媽咪就無法享有法律保障的婚姻關係，以致媽咪無法取得小馨的監護權，而讓小馨無法得到最恰當的照顧。

小月和小馨的故事，都是我之前在擔任註冊組長時所遇到的例子，小月的類似案例更是不在少數。以我一個教師的經驗來說，因為孩子對於家庭的依附關係極為密切，當家庭關係不被認可時，我常感受到孩子因此而產生的不安全感、自卑缺乏自信。

如果我們的法律對於家庭的關係能包含更多的可能，像歐洲其他國家在異性戀婚姻之外可能還會有同性婚姻、伴侶制度或家屬制度等，讓不想以婚姻關係結合的家庭能有其他的選擇，而使家庭裡的成員也能得到一般家庭都能有的保障。相信這些家庭裡的孩子也會因為這些認可而更自在更有自信。

修法原是要讓原本在法律訂定上，沒有考慮完全的部分修得更完整。讓更多原被排除在外的人有更幸福的可能。多元成家的修法，對教育現場的許多孩子來說，有真實而迫切的需要！

孩子，我們都知道愛的形式有千千萬萬種。也許你來自父母都健在的家，或者是單親的家，或由阿公阿嬤、或叔叔阿姨扶養你長大的家。如果你真實感受過被愛被照顧的感覺，不管家的形式如何，你會知道「幸福的家」是什麼，那絕對不是一種樣子而已。我們會希望所有的家都能被真正的看見，也得到真正的保障，幸福也就能真的落實在每一個生命的細節裡！

瑞秋・卡森為什麼不結婚?

在我擔任閱讀專任老師的學年，我設計了一個「閱讀傳記」的單元。介紹傳記可能的結構形式內容後，我用四本繪本介紹四個重要的女人，其中，瑞秋・卡森是年代最靠近我們的科學家。有學生注意到傳記裡沒有提到她的婚姻，問我：「瑞秋・卡森是不是沒有結婚？」

面對學生對「沒有結婚」這件事的提問，一開始我確實是有一些訝異，我以為學生比較關心的，會是靠近他們生活經驗如求學之類的問題，也許是其他幾本的傳記總是會提及婚姻，孩子們注意到這本傳記的不同。

我於是硬生生吞下那句「結不結婚有那麼重要嗎？」反問他們：「從傳記看起來確實是。那你們覺得呢?她為什麼不結婚？」

學生有的認真有的笑謔地回應：

「太認真了，沒時間談戀愛？」

「長太醜了？」

「讀太多書了，男生不敢娶？」

這些回應都很熟悉，我只是訝異會出自國小五年級學生的腦袋。我微笑聽他們七嘴八舌的說，彷彿聊女星的八卦。我決定認真和她們討論「瑞秋・卡森為什麼不結婚？」這件事。我將大家的說法簡單統整，寫在黑板上。

一、沒時間

二、長相

三、學歷太高

當大家的討論圍繞著這三個主題，我決定再出擊，問：「請大家想一想『太醜』和『學歷太高』的說法。」

有學生反對：「書上有她的相片，一點也不醜，而且她笑起來很可愛。」

大部分學生都同意，但我又問：「我覺得『沒時間』和『太醜』、『學歷太高』這是兩種不一樣身分說的話，請大家感覺一下。」

「『沒時間』不是嫌她，『太醜』、『學歷太高』好像在嫌她⋯⋯」有人感覺到這幾組詞的褒貶之意。

「很好！再想一想，是誰在說這些話？」

我覺得自己引導得不清不楚，但沒想到馬上有位冰雪聰明的女孩說：「『沒時間』是她自己決定的，『太醜』和『學歷太高』是別人決定的。」

太好了，我以為我還要解釋很久，我跟孩子們說：「當我們要探討『她為什麼不結婚？』這樣的問題，比較合適的方向，應該要從她自己的決定去思考，別人的想法從太醜、太高、太矮、太窮、太黑到跑太快、講話太大聲⋯⋯永遠也說不完，而且這樣的說法未免太不公平。這種說法通常都會出現在討論女性的時候，感覺總是男性在挑選女性為伴侶，像在挑選商品。」

學生們頻頻點頭，我將「長相」、「學歷太高」擦掉，然後再請大家繼續想還有什麼原因。也許是受到我前面引導說法的影響，他們開始冒出這樣的答案：「她遇到的男生都太醜、太窮、太笨⋯⋯」我忍不住哈哈大笑，覺得孩子實在太可愛！當我不知道怎麼在黑板上下筆，有一個孩子直接幫我整理成「沒有遇到喜歡的男人」。

我把她的話直接寫下來，再問：「還有沒有別的可能？比如說遇到了，可是……」

「人家結婚了，她只能當小三。」學生接得真妙，全班哈哈大笑。

我感覺到某一群學生的竊竊私語，我看著他們，請他們說說，其中一位孩子站起來說：「他們說她是同性戀。」全班又大笑。我在心裡偷笑起來，我就是希望他們想到這裡來。

我認真地看著他們，說：「這當然非常有可能。」

有學生用一種不可置信的眼神說：「怎麼可以這樣說？」彷彿同性戀的說法，是在詆毀這位很有貢獻的科學家。

我把「沒有遇到喜歡的男人」的「男人」圈起來，說：「不是所有的女生喜歡的都是男人。」然後把說法改成「對象」，我說「這樣好像比較合適。」

還是有人在笑，甚至聽到有人說：「沒想到科學家也會搞gay。」

我先澆熄自己的怒火，然後微笑跟孩子們澄清：「通常女同志我們不稱gay，會稱lesbian，蕾絲邊，或拉子。而且『搞gay』這樣的說法感覺有輕蔑的味道，你可以說『沒想到也有科學家是同志』這樣會好一點。」

有學生一臉狐疑地看著我：「真的嗎？」「怎麼可能？」

我告訴他們：「根據研究，同志的比例大約是十分之一，一百個人裡有十個是同志，想想看科學家那麼多，其中有幾位是同志也是非常可能的。」

我看著仍覺不可思議和好笑的孩子們，我問：「你們覺得這樣的說法有什麼問題或不妥嗎？」

有孩子怯怯地說：「老師，你不是說瑞秋．卡森很勇敢，對環保運動很有貢獻……」言下之意在說「這樣的人怎麼可能是同性戀？」

我回答：「沒錯，我非常喜歡她、敬佩她！很多同志都很優秀，就像很多異性戀者也很優秀一樣！」

這時一堆人也開始爭著說：「蔡康永也是同志」、「Roger」、「蔣勳」……我還以為小學生不會認識蔣勳。但是，有人拉回主題，問：「瑞秋．卡森真的是同性戀嗎？」

我說：「我不能肯定，只是在討論她一直單身的原因啊。沒時間結婚、不想結婚、遇不到喜歡的人，或有喜歡的人卻沒辦法結婚，可能對方已經結婚，或者她其實是女同志。這些都可能是原因。」

有人問了重要的問題：「那為什麼傳記上沒有寫呢？」

我說：「這真是一個好問題，大家一起來想想看，為什麼？」

有人馬上就回答了：「因為她沒有說啊，所以傳記上就沒有寫，總不能亂猜。」

我立刻接著問：「同性戀者公開承認自己的性傾向，我們通常稱這個叫『出櫃』。為什麼她不出櫃？有可能她根本不是，那當然沒什麼好說的，不過，我想問大家的是，如果她是，她就會說嗎？」

有孩子反應很快：「不會，因為那時候的人可能覺得同性戀很奇怪，所以她可能不敢說。而且她後來那幾年不是跟桃樂絲・費里曼很要好嗎？」

「對啊！」好多人突然想起來這個陪著瑞秋・卡森走過失落的森林，和遭癌症折磨生命至尾聲的重要女性朋友，大家好像挖到八卦祕辛一樣亮起興奮眼神。

我提醒大家：「當然，瑞秋卡森也許是同志，也許不是，就像瑞秋．卡森也許是異性戀，也許不是，一樣。而即使是現在，很多人還是會選擇不出櫃，因為這個社會對同志還是有很多歧視。」

我立刻想起了另一件重要的事，我說：「經過了許多人的努力，世界上很多地方都修法承認同志婚姻，瑞秋．卡森和桃樂絲．費里曼後來都住在緬因州，我們來查一查緬因州是不是承認同志婚姻？」

上學期的閱讀課才剛學過「維基百科」的使用，這次我很大膽的決定放手一搏，我打開電腦和投影機，問大家在維基百科應該輸入什麼關鍵字才比較容易找到資料？大家七嘴八舌的說「緬因州」、「同性戀婚姻」、「同性戀合法」、「同志婚姻」……我取一個大概，輸入「緬因州同性婚姻」。

沒想到，這一查詢非同小可，在維基百科裡同性婚姻的資料不可勝數，除了美國的資料，甚至旁徵博引的看到了全球的狀況。「同性結合關係歷史年表」看到洋洋灑灑從一九八〇到現在的資料，其中引起我們注意的是以下五點：

1. 1989年10月1日：丹麥成為第一個認可同性結合（same-sexunion）的國家，允許同性伴侶進行登記。（並非立法承認同性婚姻）

2. 2001年1月1日：荷蘭成為全球及歐洲首個法律認可同性婚姻的國家，同性婚姻家庭享有傳統家庭所享有的一切待遇。

3. 2003年底，中華民國政府表示打算合法化同性婚姻，但是迄今該項法案仍未獲立法通過。

4. 2006年10月初，中華民國立法委員蕭美琴草擬及遊說的「同性婚姻法」草案，獲得立法院足額立委連署，跨過門檻正式提案，並在10月17日排入立法院議程，計劃於10月20日完成一讀。但遭到賴士葆、吳育昇、蔡啟芳、林德福、林進興、費鴻泰、朱鳳芝等23位委員的阻擋，未能順利通過一讀付委，退回程序委員會。

5. 2009年5月6日，美國緬因州州長約翰-巴達奇簽署同性婚姻法案，但於11月4日在公投中被推翻。

（資料引自維基百科）

關心緬因州狀況的同時，看到臺灣的情況真是意外的收穫。原來在二〇〇三年臺灣就已經嘗試立法通過同性婚姻，而二〇〇六年也有正式提案過，可惜都未能過關！

回到瑞秋・卡森的情況，瑞秋・卡森在一九六似年過世，當時不管身在何處，應該都沒辦法取得同性婚姻關係，即使在四十五年後（二〇〇九年）緬因州的同性婚姻法案也是曇花一現。

而按照維基提供的資訊，現在大約半數以上的國家屬「同性戀合法」，有部分國家的同性戀會被懲罰，甚至死刑（真是可怕！）。臺灣的狀況則是「部分縣市能註記同志伴侶關係，但無法律效益」。在臺灣的同性伴侶並不違法，而遭被懲罰或監禁，所以聽到「在臺灣同性婚姻是非法的」這種說法正確嗎？也許我們該說「在臺灣的同志婚姻尚未獲得法律的權益保障」。

我總是希望我的課堂是安全的，所有的想法都可以盡情發表，所以我總要小心，自己是否對於某些回應透露的厭惡或不以為然。因此，我會將孩子們表現出來對同志的歧視觀感，輕輕帶過，期待由後面的討論來帶出我想傳達的想法。

這是意外發展出來的課，我沒有備課到這種地步，後面的維基百科查詢也是臨時起意，沒想到能和學生們一起看到了意外的美麗風景，當然這有一定的風險。對性別話題的敏感，加上以學生為主體的預設，不逃避任何尖銳的提問，也不閃躲自己的無知，我相信總會承受起這樣的風險。談到性別，總覺得在在考驗我的課堂功力，談的太用力擔心將議題太過特殊化，不但加深了性別刻板，還可能錯誤營造了班級的單一政治正確氣氛，難以達到真正的教學成效。但有時太過輕描淡寫，又擔心議題被忽略，學生繼續在錯誤的認知裡而不自知，或我自己錯過了機會再也難尋。更多的時候，我必須時時檢視自己在教室權力的上位示範怎樣的權力關係。

我們也在教師專業社群裡閱讀《寂靜的春天》（瑞秋・卡森的書），當我跟同事談到瑞秋・卡森這位偉大的女性時，第一個回應竟也是：「她沒結婚吧？通常女性要單身、沒有負擔，才有辦法這麼傑出……」我一陣錯愕，覺得她說得對，但又顯得不公平，為什麼面對男性科學家我們就不會覺得他一定單身呢？為什麼在面對家庭及養兒育女的付出時，女性總是被期待（或自我要求）在第一順位？也許下一次再跟學生談起女性科學家數量為什麼遠遠少於男性時，可以好好討論一下「婚姻」這個話題。

回想到課堂裡的對話，其實我有一個隱約的焦慮，我擔心孩子在我的教學中覺得可以隨意探詢他人為什麼單身或無禮的詢問他人的性傾向。不過這樣的提醒在很多時候都可能出現，犧牲一次探詢隱私的可能，去發展一場性取向的討論，我覺得值得。

一個家，一個故事

我記得那是個周三的中午，陽光耀眼晴空萬里，結束了上午的奮戰，我和幾位同事決定要一起外出用餐。走出校門的時候已經十二點半了，我和同事們談笑著走到學校旁的路口，這時候我聽到一個興奮的聲音喊著：「老師！」我還來不及搜尋到聲音的來源，小璇已經從馬路的對面衝過來，一輛疾駛而過的機車不偏不倚的撞上了她。所有人都嚇壞了，我扶起她，機車騎士也不知所措地檢視孩子有沒有受傷，所幸並無大礙；這時候，來接她的阿姨也出現了，她留下騎士的電話，帶著孩子走了。

這是我教書第一年發生的事，那個衝過馬路的身影一直在我腦海盤旋不去，記憶裡小璇是直撲我懷裡的。這個記憶當然是錯的，她在馬路上被撞了。關於這段互相衝突的記憶，在想像裡揮之不去一個可怕的念頭——如果撞上她的不是一輛機車，而是計程車或是公車、卡車——天啊，我不敢再想下去！

小璇母女和一位媽媽的朋友（她稱阿姨）同住，平常都是阿姨接送聯繫，一開學，阿姨就對我說小璇媽媽因為在酒店上班，沒辦法正常作息照顧小璇，所以平常會由她幫忙。小璇可愛聰明又伶俐，無論功課或生活能力都不需擔心，偶爾小璇會對我說昨晚媽媽半夜回家又邊哭邊吐，我只能心疼地抱著她，除此之外，我似乎無能為力。當時，我隱約感受到小璇媽媽和阿姨之間的伴侶關係，但那超出我的理解之外，彷彿是奇怪的另一個世界。

直到我也當了母親，那次小璇向我跑來的身影越加讓我心痛！那時我還是個新手老師，班上的孩子有原住民、單親、繼親家庭、隔代教養，還有一個孩子前不久才在火災中失去了母親……但除了在教室裡盡一個教師的本分，偶爾關心孩子的狀況，我也沒有多做什麼，沒有多找其他的教學媒材讓這些孩子更有力量；沒有製造機會讓他們多說一些自己的故事，也讓其他的孩子認識他們不一樣的生命經驗；沒有瞭解更多細節讓我可以在教室裡有多一些精緻的經營：如果我在當時有能力睜開看見多元的眼睛，我一定會認真感受小璇媽媽的處境，我會祝福她和阿姨的情感，我會讓小璇知道媽媽的辛苦和勇敢，而這個家也讓她多麼與眾不同！我更不會讓她獨自遊蕩等待家人，或者，那個渴望愛的身影也不至於這麼衝動。

往後十多年，我發現自己教書的第一年並沒有比較特別，學生家庭的多元其實一直是教室裡的常態，只是老師是不是多了一雙看見多元的眼睛——看見這個只為主流家庭設計的教育現場，有多麼呆板而匱乏，許多孩子被排除在教科書的論述之外，而這些孩子在這樣的處境裡，孤單不被看見，甚至自我否定。

遇見多元的家

十多年前，師資培育系統欠我的，終於在十幾年後，讓我遇見了這本重要的書，《一個家，一個故事》。

《一個家，一個故事》的作者們，大多是第一線的教師，他們從教學現場貼近故事的主角，然後蹲下來，用孩子的口氣傳達孩子的視線與感受。於是悲傷不再灑狗血，在〈媽媽的香水百合〉中，我讀到失親的孩子難以承載的悲痛，但在同學和老師的鼓勵支持下，小日總算順利流下早已滿溢在心底的淚水，走過悲傷；壞人也不再只是天生的壞胚子，〈陰晴圓缺小月亮〉描寫著暴力下無助的男孩，和在現實中站不起來只好使用暴力的父親，而寄養家庭的愛，也支撐著小月亮繼續前進的勇氣。在〈樓上樓下〉這篇中，我心疼在崩落的結構裡被遺忘的孩子，也理解了一個無能又愛孩子的父親，怎麼在眾人的失望中自暴自棄，而即使是失敗的父親，孩子卻仍渴望他在身邊。小貢丸是整本書裡最令人心疼的。失業的父親、毀壞的家以及流浪的孩子，我在小貢丸的不圓滿裡，更看到社會福利制度的不完善。

但這並不僅僅是一本描寫悲傷或令人惋惜的書，透過這本書，我還看見生命的頓悟與出口。〈開車回台東〉的路上，新移民的母親握著方向盤，開出自己自信活躍的生命之路；〈白雪公主的新媽媽〉為繼親家庭擺脫了童話裡可怕的汙名；〈浪達〉原來是擁有這麼豐富意義的名字，誰說有爸媽才有完整的愛？兩個媽媽實踐了深刻的愛並共組家庭，浪達在故事裡，活躍俏皮的說著屬於同志的甜蜜家庭樣貌；而在〈歡樂之家〉的笑聲裡，我還看見一群男人如何相愛、相互扶持。

透過各種家庭的描寫，書裡還搭載了多元的性別特質、女性的獨立、子女從姓的思考以及漢人家庭主流價值的反思。說話的主體，除了孩子，有時還讓位給寵物貓咪和歌謠裡的小老鼠，不僅在家庭呈現多元，連表現的手法也要活潑有趣，讓讀者除了在淚水裡有深刻的情感同理，還能在笑聲中有嚴肅的議題思考。

教師的樣貌在各種媒體中的呈現常常很兩極，不是缺席、冷漠或不恰當的嚴格，不然就是太過於溫暖、無怨無悔至凡人難以達到的大愛。這樣的教師形象不但讓社會有不適當的認知和期待，也讓教育現場的老師們無所適從。這本書另一個可貴的地方，是其中的教師角色不但透露著愛與熱情，也在各種需要出手或不出手的時刻展現著專業，其中當然包含了課程的設計能力與性別的素養。這是我在這本書裡非常重要的收穫。

當然，對於這本書，我仍有期待的地方。我相信總有一天孩子會有自己論述的力量，只需要老師的引導與支持，不必老師代為發聲。我期待有一天能看到各種家庭裡的孩子都能用他自己的語言，呈現他自己獨特的生命，自信得像雨後的彩虹般，連接天際的兩端。

家的意義

所謂的「看見」其實不只是知道而已，還要有看見細節的能力。

教科書裡並不是沒有談到多元家庭，我常聽到老師們（我自己曾經也是）這樣教「多元家庭」，我們說：「家庭有核心家庭、大家庭、折衷家庭、三代同堂……也有單親、隔代教養……」說完，我自己也納悶，知道這些命名要幹嘛？這和孩子有什麼關係呢？認識多元這件事，絕不只是像櫥窗一般把商品一一陳列出來就了事，家庭是孩子們生命的起點與成長的依附，看見細節、貼近生活的脈絡，才能在微弱的訊息裡看見巨大的差異。

這學期，我決心要讓孩子體認什麼是多元家庭，我會利用剛上課的幾分鐘，讓小朋友來唸《一個家，一個故事》裡的故事片段。有時是完整的一段小故事；有時故事較長，我會故意頑皮地中斷，然後進行我原來的課程，常常惹來孩子不甘心的抱怨；有時我會穿插一小段相關的廣告影片，拜活躍的網路媒體之賜，從壽險、汽車、銀行，到瓦斯、喜餅、洗髮精；從臺灣、日本，到韓國、泰國……網路上談家庭的廣告媒材多不勝數，我用一段故事配一段廣告，有時討論、有時沉默，有時我看著孩子流下淚水，他們想說，或不說。剛上課的幾分鐘，我企圖讓這些生命的樣態平凡平常地滲透在孩子的生活裡，看見多元，但不把差異當作特異，只有接受各種災難苦痛都是生命可能的一部分，才能儲備在家庭發生變化時所需的勇氣，接受也肯認自己的不同，也在他人的差異裡給予支持。

去年聖誕節，學校依照慣例又辦了慶祝聖誕節的活動，校長扮演聖誕老公公挨班挨戶的發糖果。我剛好在上社會課，小朋友便開始問起聖誕老公公的各種問題：「真的有聖誕老公公嗎？」「聖誕老公公是從哪裡來的？」「聖誕老公公不過聖誕節的時候都在做什麼？」我認真的回應孩子們：「其實老師對聖誕老公公的瞭解並不多，雖然聖誕老公公感覺應該是外國人，不過我相信每個民族都有屬於自己的聖誕老公公。」接著，我舉了蘆洲觀音文化節，還有媽祖繞境的例子，不一樣的神格角色，一樣在平凡枯燥的生活裡增加一些驚喜和盼望。我也邀請班上原住民的孩子，還有媽媽來自不同國家的孩子，也回去問問屬於他們自己不一樣的聖誕老公公。

這個多元文化的起點慢慢的擴散，我們一起見識到不同國家如何過他們的父親節和母親節、他們如何稱謂不同的親戚，聽到不同的語言唱著搖籃曲，也看見蘭嶼的達悟族人怎麼在一生中不斷因為新生命的誕生而改變自己的名字……家庭的細節原來如此豐富，多元的文化也讓家庭的面貌立體多樣起來。

《一個家，一個故事》只是個起點，喚起孩子對不同生命的感知，也提醒老師教室裡多元家庭存在的事實，並告訴大家，關於孩子細微的心思與幸福的各種可能！

附帶一提，我常聽到有人會說同志婚姻是不合法的，但我想糾正一下這個說法。其實應該說，同志伴侶目前並沒有受到法律的保障。就像在這本書〈浪達〉的日記裡寫著他和兩個媽媽相處的幸福故事，還有〈歡樂之家〉那充滿笑聲的家，其實在臺灣，這樣的家仍有一些隱憂，比如在其中成員的某些關鍵時刻，這些最親密一起生活的家人反而不會被通知，主流家庭享有的探視和繼承權也被漠視。這就是為什麼，很多人想要推動的伴侶法立法，好讓政府可以保障更多人擁有屬於自己幸福的權利。

彩虹喵出題時間

一、説説看，你心中的男女平權、性別平權的是什麼？對多元成家的想像又為何？

二、你欺負過他人嗎？有的話原因是什麼？若自己遇到霸凌，你有何應對方式？

三、對於「性」，你最想了解的是什麼？

熱眼俠

第五章

在消滅萬惡前
先透視人性本意

「罰罪與寬容，需要相互平衡。」

從江國慶到鄭性澤

十月，有個重要的日子，許多人稱之為「國慶日」。江家的小兒子就在十月十日這一天誕生，江伯伯將自己的寶貝取名為「國慶」。但他萬萬沒想到，自己的孩子就命喪在自己信任的國家手中。

一九九六年，台北空軍司令部發生五歲女童被姦殺的可怕案件，因為手段凶殘，於是群情激憤，軍方急於破案，直接鎖定測謊未通過的江國慶為嫌犯，經過長時間疲勞訊問及刑求逼供，江國慶寫下自白書承認犯罪，軍方宣布破案，其中除了江國慶的自白，沒有任何其他證據。一九九七年江國慶被槍決，「國慶日」成為江家錐心刺痛的日子。江伯伯也開始為兒子的清白奔走，終於在二〇一一年九月獲得再審宣判無罪，這時江伯伯已在前一年過世。

比起江國慶，盧正卻沒有這麼幸運。

就在江國慶被槍決沒多久，一九九七年十二月，台南發生了擄人勒贖撕票案，盧正被請到警局協助辦案，在「協助」長達三十六小時後，盧正寫下自白認罪，又是沒有任何其他證據，或者說其他證據（像指紋、唾液）都說不是盧正，但他一樣被判了死刑。二〇〇〇年盧正被槍決，之後他的姊姊們到處奔走調查、陳情抗議，如今盧正的清白仍遙遙無期。

比起江國慶和盧正，蘇案三人簡直是幸運的不得了。

在一九九一年汐止震驚社會的血案發生時，他們三個可能還不知道自己即將大禍臨頭了，而後的二十三年，他們歷經了一審、二審、上訴、更審、再上訴、更一審、更二審、更三審……這些我怎麼也搞不清楚的審判程序，前後三人大約累積了三十個死刑，很多次，執行令靠得很近，他們恐怕都已經聞到了死刑的血腥味。

在許多律師、人權團體的努力奔走下，終於在二〇一二年得到最重要的無罪確立。雖然人生最燦爛的黃金年歲，就這樣被蹉跎折磨殆盡，但他們終究是活著等到了自由之身。令人苦笑的幸運！

接下我想簡單說兩個案子，都是國際特赦組織聲援的案件。

一九八七年底，臺灣才剛解嚴，整個社會彌漫著恍惚，不知道這道解嚴令是真的要想要民主化，還是這是一條釣魚線。這時，新竹發生了重大的擄人勒贖案，十歲的陸正被綁架，家屬付了贖金卻還是不見小孩回來。邱和順被逮捕。證據上，恐嚇的電話錄音、勒贖字條上的指紋，都不是邱和順的。羈押二十三年（創史上最長羈押紀錄），歷經各種審判，二〇一一年邱和順死刑定讞。唯一的證據，還是自白。

二〇〇二年鄭性澤走進KTV之前，他並不知道羅武雄會發酒瘋，還因此惹來警察開槍，現場死了一個警察，羅武雄也中槍斃命，卻把殺警的罪留給了鄭性澤。當場曾擊發子彈的兩把槍上並沒有鄭性澤的指紋，開槍的位置和當天他的座位也不符，但也許殺警是重罪，已死的羅武雄無法再付出代價，於是憑著他掛著「煙燻妝」的認罪自白，鄭性澤還是死刑定讞了。

把各個冤案炒成各自的一道菜，其中有一些成分幾乎都是一樣的。像刑求、自白書、沒有直接證據……菜色不同，但味道很像，如果期待這道菜能翻盤重來，我們唯一要盼望的成分是——運氣。

長期支援廢死運動的作家張娟芬說：「平反冤獄靠什麼？靠當事人的清白，靠救援團隊的細心、努力，靠家人的情感支持？這些或許都對，但是最關鍵的是：運氣。」

冤案與我

一九九一年，我告別了成長的老家，來到台北讀大學，感覺自己的人生就要邁入另一個階段。而後的二十多年，我就在台北度過我變化最大，也最重要的人生階段。讀書、工作、戀愛、結婚、生子……我想我並不特別，幾乎身邊的朋友，在十九歲到四十歲的階段就這麼回事。

幾乎是同時，就在我開啟人生的重要階段的同時，有另外三個人也開始了他們完全不一樣的人生。這三個人叫蘇建和、劉秉郎、莊林勳。十九歲進入這場轟動國際的冤案人生，直到二十三年後確認無罪判決確立，他們三個真正脫離糾纏他們二十幾年的官司，從鬼門關脫離出來加入和我一樣一般人的人生行列。但黃金的二十三年，卻難以回頭填補，即使如此，他們卻被認為是司法史上的幸運三人組！

雖然有點不切實際，但我還滿愛看美國《CSI犯罪現場》的影集。其中有一集是這樣：一個女人在汽車旅館中被殺，現場發現一枚血指紋，雖然這枚指紋的兇嫌堅稱他沒有殺人，可是他沒有不在場證明，而且警方還發現他對家人說謊。幾乎就要結案了，片中犯罪鑑識組的組長凝視著那枚血指紋覺得事有蹊蹺，決定再調查。經歷一連串績密細微的抽絲剝繭，最後證實留下血指紋的兇嫌是被栽贓的，而真正的殺人者刻意布置一切，甚至製造血指紋以誤導警方，幸好那位鑑識組的組長有感覺到那枚指紋的樣子有點奇怪，願意不厭其煩再重新調查，才還了無辜者的清白。而真兇為什麼要栽贓？其實他們兩個無冤無仇，純粹只是想脫罪而已。

什麼時候衰運要臨在你身上實在很難預料。李禎祥被抓時也一定不知道自己犯了什麼錯，但他的指紋清楚地印在一樁搶案所遺留的安全帽上，就這樣被判處了十年徒刑，連他自己也覺得莫名其妙。後來律師推測，搶匪是在永和樂華戲院偷的機車，而李禎祥就住在那附近，判斷可能是李禎祥在行進時，隨手摸了路旁機車的安全帽而留下指紋，也給自己惹來了牢獄之災。最最幸運的是後來機緣巧合逮到真兇，他也才得以無罪脫身。

你，怎麼知道今天你在街上隨手摸到的東西會不會變成呈堂證供？你扔到雜物堆的吸管會不會混著兇殺案的兇刀？而你也就剛好成了現成的嫌犯……冤判，要砸到你身上並沒有你想像的遙遠。

一九九一年汐止命案被抓的三個人當時才十九歲，當時還在電視機前看這個新聞的中學生江國慶，會知道自己未來的命運嗎？一九九七年江國慶在眾人唾棄聲中被槍決時，事業家庭都穩定幸福的盧正，會知道自己幾個月後也將成為冤案的主角嗎？

你能確定幸福自由的日子會義無反顧地跟著你嗎？

一九九二年美國的「無辜計劃」（Innocence Project），利用DNA鑑定科技來證明無辜者的冤案救援，至今已經平反了超過三百件冤獄案件。這讓我們不得不承認，冤判幾乎是司法無法避免的惡，因為人終究不是神，沒有時光機回到過去，也沒有包青天的「夢迴枕」可以到閻羅殿查案情。如果能體認這個司法怎樣努力都難以完整的無奈，就必須讓可能的錯誤成本降到最低，如果能廢除死刑制度，誤判無可避免的惡也許能少掉一些無法回復的風險。

國際反死刑日

你知道嗎？十月十日，除了是令江家傷心的國慶日外，還是「國際反死刑日」。全世界已經有一百三十八個國家廢除死刑，超過三分之二。如果死刑這個刑罰真如一般大眾說得如此重要，何以會有如此多的國家捨棄不用？

二〇一一年，蘇案還在搏鬥，我帶著家人一起去一〇一附近排「無罪」兩字聲援他們。那天下著傾盆大雨。原本大家約好要穿白色衣服，直接就都改成了淺黃雨衣了。

看著淺黃色「無罪」的相片，我跟孩子討論蘇案是怎麼回事？當我說到「這個無罪判決，他們苦等了二十三年。」孩子馬上有疑問：「是『年』嗎？年耶，好久好久……」對於只活了四五年的孩子而言，「二十三年」實在太難想像了……

事後看著深綠底淺黃字的「無罪」相片，平靜無波，完全看不出來當時的大雨磅礴。孩子們都還記得他們自己在排在「罪」字最上頭，我卻搞不清楚自己是排在「無」的哪個筆畫。像冤案撲朔迷離的各種線索，「無罪」寫得如此清楚大聲，但細節卻埋在一筆一畫裡的個人，我的身體在體制的布局裡擔任了什麼角色？又鋪設了什麼？陳述了什麼？我又能控制什麼？

每每舉冤案的例子，就有人回應我：「冤案是司法要改革，死刑是死刑，不應混為一談。」如果認知到「誤判」是難以完全避免的司法錯誤，那死刑的制度更不應該在其中，而讓誤判的錯深入到無可轉圜。

如果沒有死刑，江國慶的母親可以緊緊擁抱被牢獄折磨十四年的孩子，接下來的人生雖然有些遺憾，但總不致如此絕望。如果沒有死刑，盧正的姊姊們不必每年帶著蛋糕去跟骨灰罈過生日。如果我們都能體認失去至親的痛如此刻骨銘心，在被害者家人是如此，在冤獄被害者身上難道不是？

惡魔的真相

冤獄是很多人理所當然反對死刑的理由，但如果罪證確鑿，且罪行令人髮指，那我還是不是堅持反對死刑制度呢？

親愛的孩子，就讓我們從遠方的故事說起。

挪威恐怖攻擊

七月二十一日是我孩子的生日，每年這一天我們全家會聚在一起，不厭其煩的述說幾年前的生命奇蹟，他的母親（就是我）如何度過漫長不便的懷孕期，再歷經陣痛與撕裂的痛楚後生下他，奇妙的是，一種至深的情感也隨之而生，我願意用全心全意的愛守護著他。

二〇一一年七月二十二日，在我們全家喜悅相聚之後，遠方的挪威發生了戰後最大的屠殺事件，一位反對多元主義的極右派份子，在首都奧斯陸利用炸彈及持槍掃射方式攻擊市民，一共有七十七個人死亡，四百多人輕重傷。挪威首相在第一時間發表談話說：「我們不能放棄我們的價值，我們要證明我們的開放社會能通過這場考驗。面對暴力的答案，是更多民主、更多人性，但絕不是天真。」挪威總理也表示，挪威不會因此而增加警察的權力和安全戒備，關於反恐的法律也不會調整，更不會為了處理本次事件而設立特別法案或法庭。警察仍然需要經過申請才可以持有槍械。

難道他不怕兇嫌的同夥因此更加猖獗？難道他不擔心過度的冷靜，會讓人民的悲傷和恐懼得不到宣洩，他會因此而大失民心？不，他擔心的卻是政府堅守的民主價值被恐懼攻陷，他也擔心挪威的執政或執法者找到機會提高權力，而鬆懈了對中央掌權誘惑的戒備。挪威政府的宣告，不但表現了無懼的勇氣，也安定了挪威人民的惶惶不安。

兇手布雷維克很快的就承認罪行，但他不僅毫無悔意，甚至在法庭上慷慨激昂地大談自己的殺戮動機及理念。如果在臺灣，這等無恥行徑早就被千夫所指，且看我們有多少兇嫌被媒體拍到出庭毫無悔意的表情，甚至還在笑的畫面，就引起社會憤怒甚至要求加重刑罰。但挪威的法庭不但沒有阻止，還讓兇嫌暢所欲言了五天。（法庭只要求部分內容媒體不要公開播映）沒有人質疑這樣的做法，正因為讓兇嫌充分的發言，而能看見兇嫌的精神狀態、犯罪動機，法官再一次確認沒有抓錯人，最重要的是充分追究事情發生的原因，才能避免下一次的災難！

最後兇手被判決監禁二十一年。有受害者家屬發言覺得夠了；也有人說，如果他已經不會危害社會，也許可以在法院的審慎判斷中提早釋放。

總理認為，正因為布雷維克的作案動機就在否定現有的挪威價值，因此我們更要堅守。他說：「為了破壞國民珍惜的價值，布雷維克奪去了許多性命，不能連他最想摧毀的自由民主也一同失守。」

不得不說，我非常羡慕像挪威這樣理性自持的社會。但我不會天真的以為，挪威就不會有人想置兇手於死，就像自由寬容的國家仍養出了布雷維克這樣殘忍的兇手。令我羡慕的是挪威的政治人物對價值的清明與堅持，不因為臆測民意或選票的走向而偏離應走的路；還有挪威社會在悲痛中仍不被憤怒和恐懼打敗，而能在冷靜理性的氛圍裡思考下一步，他們想的並不是「要給兇手什麼樣的懲罰」，而是想著「我們要維護的是什麼？」「我們要如何避免事件重演？」

而在審判之後，大多數的受害者家屬都認為，經由審判，自己已經和凶手終結了關係，自己不再是受害者，悲痛無法一時就離開，但生活仍要繼續，他們將憤怒和仇恨停留在判決的那一刻，放自己帶著親人的愛和思念往前走下去。

日本南方小鎮的慘案

另一個故事發生在日本南方。案發前，光市只是日本南方一個寧靜的小鎮。

兇嫌是個十八歲的年輕人，他不但殺了二十三歲的女性以及未滿一歲的嬰兒，還姦淫被害人的屍體，並將兩具屍體藏在櫃子裡。

安田好弘是替兇嫌辯護的律師，他因此得到了一個封號：「惡魔

挪威恐怖攻擊事件描述參考《人本教育札記》267期〈劫後的挪威，依舊堅持務實的人道民主〉一文，作者為方潔。

的代言人」。

透過與被告密集的獄中訪談，安田律師描繪了這位年輕人的犯罪動機。他說被告是個國中後就輟學的孩子，原跟著水電師傅學技術，但學了一陣子就沒有再繼續。不過他仍拿著測量水平的鉛錘工具，假裝自己是水電師傅到處遊蕩。這一天他看見抱著孩子的被害人，想起了自己的母親，便很想與她撒嬌，不料被害人極力反抗，他失手將被害人勒死。看見哭鬧的孩子，他想到孩子已經跟自己一樣失去了母親，於是他用鉛錘工具上的紅繩套在孩子的脖子上，卻讓孩子窒息而死。他還想起他曾經看過的漫畫《魔界轉生》其中有個情節是與死者性交就能讓死者復活，於是他姦淫了死者。死者當然沒有復活；他又想到哆啦A夢中的抽屜時光機，於是他將兩具屍體都塞進櫃子裡。

可怕的罪行配上這樣荒謬的動機情節，可想而知，日本社會並沒有因此而多靠近兇手一些，而是更加的憤怒，覺得這樣的說法是對被害者的輕蔑。

成為惡魔之前

一般人難以想像的正是如此，「人」怎會犯下如此人神共憤的重大罪行？這是惡魔才會有的行為。一旦標簽成「惡魔」，那些關於「人性」的犯罪動機和理由大多只會被認為是脫罪的藉口。但在惡魔形成之前呢？

如果我們害怕惡魔出現在身邊，在切割惡魔之前，是不是要關心一下「惡魔養成」呢？否則空有我們的恐懼和殺無赦的死刑伺候，你還是無法確認下一次惡魔不會出現？

安田好弘描述第一次見到被告福田孝行時的驚訝，他是第三審的律師，此時福田已經二十六歲了，但看起來仍是個稚氣的孩子。後來經過精神科醫師的鑑定，福田的心智年齡只有十二歲。十二歲，正是福田的母親在孩子面前自殺的年紀，母親不堪父親的暴力對待，最後選擇自殺，福田正目睹了母親傷心絕情的離開，他的心智便停留在這個年紀。福田看到抱著孩子的被害者，正是觸痛了童年時難以言喻的傷口，當他失去理智控制跑去擁抱那個幻覺裡的母親，可想而知，被害人的抵抗、孩子的哭鬧、失控的福田……一場慘絕的犯行就這樣啟動了，「惡魔」正式養成！

但這養成的故事，卻讓人悲傷心痛——難道在惡魔養成之前，我們真的無法無力阻止？

安田好弘描述了這個故事之後，他說了一句發人深省的話：**「法庭的目的並不是在懲惡揚善，而是在發掘真相。只有追究所有的真相，我們才能學到真正的教訓，而不讓悲劇重演。」**

雖然安田好弘所率領的律師團（共有二十一位律師）一起為被告辯護，盡量在法庭呈現被告的想法和法醫、精神科醫師的專業鑑定報告，以及相關的證據，但社會上越來越高漲的憤怒不斷的妖魔化被告，追求真相的聲音因此而被掩蓋。

因為被告在犯案時只有十八歲，以往日本法院對於未成年的判決並不會判以死刑，此案在一審及二審時判無期徒刑，在二〇一二年最高法院的判決轉以死刑定讞。

不讓憤怒模糊了真相

從挪威的恐怖攻擊和日本光市母女被殺，我們看見面對「邪惡」不同的應對方式。光市事件的律師陳述被告的想法，被認為是無稽之談，反而讓整個社會的憤怒到了最高點：未成年的被告被判死刑。

挪威的法庭充分讓被告陳述他的意見想法，甚至殺人的「理念」，長達五天。挪威總理第一時間宣告不會加強戒備、不會增加警力和警察的權力、不會調整反恐的法案。這種大無畏的寬容和勇氣，恰恰安撫了倉惶的民心，也緊守住挪威社會裡珍貴的價值，不被恐懼和憤怒擊垮。然後冷靜理性地面對真相。

如果在臺灣呢？我們會怎麼面對邪惡背後的真相？還是直接端出死刑，懲罰嫌犯？

兩種面對真相的方式值得我們深思，究竟我們首要之務是懲戒處

光市事件參考安田好弘律師2011年6月至臺灣東吳大學的演講。光市事件的最高法院判決是在2012年2月，安田律師來台時，律師團還在為被告奮鬥。

決惡魔？還是要在真相的路上看見社會與國家失落的責任，反省檢討惡魔養成的過程裡，我們少了哪些救助的網去阻止墜落與沉淪？處決惡魔就能讓惡魔從此消失嗎？從臺灣一向有死刑的歷史看來，惡魔顯然並不會消失，甚至死刑執行的暴力效應還更容易滋養惡魔的養成。如果換走一條路，會不會讓我們，安定幸福無匱乏的和即將沉淪的，我們，都有更美好幸福的可能？

一個母親的告白

我永遠不會忘記，八年前的那個七月二十一日，上帝如何給我一個孩子，讓我體認到愛可以如何深刻美妙。當我成為支持廢死的一員，許多朋友不斷地要我面對這樣的質疑——如果是你的孩子被害，你還可以理直氣壯冷靜堅定的支持廢死嗎？

我也很誠實的反覆問自己這個問題——這是個極端難堪、難以面對想像的處境，我再怎麼努力想像，都無法與真實處境裡的母親感同身受。但我願意真誠地回答——如果是我的孩子遇害，我相信我一定會悲痛欲絕、憤怒難抑，我才不會管這個兇手背後有多少令人同情的理由和藉口，我的傷痛肯定會殺了我的理智，也讓我想要殺了這個人。但是，我是母親，因為有極深的愛，才讓我在此刻有特權如此憤怒，如果是在沒有法治的原始社會，我肯定也會同時擁有殺掉對方的權柄。但是，現在，我們的文明發展讓我相信，我必須在憤怒難當的時候更加冷靜，更加理性的判斷事情發生的原因。請用專業的調查安慰我的傷痛，給我一個真相，也給兇手恰當的懲罰或安置，絕不是再一次殺戮。如果我能順利從悲痛中走出來，我最期待的不是報復式的安慰，而是希望不要再有另一個悲痛的母親。

發生割喉案，妳嚇壞了嗎？

前幾天，聰明伶俐的妳問我：「老師，像割喉案這種可怕的歹徒，也不能判死刑嗎？」我想妳一定是從別的老師那裡知道，我支持廢死，才這麼疑惑的問我這個問題。

我反問：「妳還記得這個歹徒被抓到後說了什麼話？」

妳很快回答：「反正殺一兩個人不會被判死刑。」

我再問：「另一句，他為什麼想要殺人？」

妳想了一下，說：「因為他想要進監獄去吃免錢的飯。」

我笑著跟妳說：「你覺得這樣的人怎麼樣？」

「很可惡！應該要判他死刑，不能讓他浪費人民的納稅錢。」妳接得很快，顯然是有做過功課。

我繼續笑著跟妳說：「我倒覺得他可憐到家了，從古到今每個歹徒都是殺了人以後逃給警察追，不然就是因為內咎或害怕而去自首，怎麼有人竟然是為了要讓警察抓進去關而殺人？據說他已經失業好久了，如果為了吃飯而寧願失去最珍貴的自由，我覺得他應該已經活得沒有任何尊嚴。」

雖然我話還沒講完，但已經上課了，我只留下一句問話要妳再思考一下：「像這樣的時候，妳覺得我們應該要好好思考這個社會的失業問題，還是督促死刑執行呢？」

聰明的妳閃著純真的眼神離開了，其實妳知道的，我並沒有要妳放棄死刑這個選項，只是希望妳在喊殺之前再多想一想。現在，我想繼續把話說完。

我也是個母親，發生了這種可怕的事件難道我不怕嗎？我想告訴妳，我怕死了！我怕的不是歹徒再來犯案，而是怕這個沒有邏輯不知反省的社會將繼續製造更多無法翻身的處境，也同時促進更多的犯罪意圖。

我之前談到了「尊嚴」。

「人性的尊嚴」可以說是憲法裡最重要的字眼，也是憲法中要求政府必須極力幫人民維護的。但什麼叫做「人性的尊嚴」真的很難說得清楚，但我舉幾個例子妳就會明白。我前不久聽到一個真實的故事，一個二十幾歲的年輕人失業了很久，已經身無分文，也不敢再跟家裡拿錢，他沒有住的地方，三餐不繼，好不容易找到了一家電子公司作業員夜班的工作，他晚上上班，白天睡在圖書館，他想著，雖然薪水不多但撐一陣子拿到薪水就可以租房子住，然後慢慢還掉欠債，也許省吃儉用還能慢慢讓自己的生活有一點品質，可是，就在快年底即將領年終獎金之前，公司將他資遣了。

先不急著討論這個年輕人本身有什麼問題，我只是要妳體認一下什麼叫做「尊嚴」。吃了這一餐不知道下一餐在哪裡、居無定所沒有遮風避雨的地方、妳不忍心看的，拖著殘障的身軀在夜市磕頭伸手跟妳要錢。我說的不是貧窮，而是沒有尊嚴。

我曾經到過某個國家，當我坐著車進到一個城裡，就在停紅燈的時候，我的車窗旁突然出現了好多隻手，那些手黑黑枯枯瘦瘦，是屬於一群孩子和幾個女人，顫抖著在乞討。我看到其中一個婦女懷中還有一個很小的嬰兒，他閉著眼睛大哭。我很心痛，也很憤怒，這個國家的政府怎麼能讓自己的國民如此沒有尊嚴的活著。

同樣的憤怒，我想起很多案件。我想再提一次那個多年前令人心碎的案件——湯英伸，一個又帥又有才華的原住民青年，狠心殺了洗衣店的老闆全家三條人命。我們用他的犧牲，狠狠見識了什麼叫「不義結構」。**如果一個社會不義結構越多（或者說越明顯越堅固），那我們的處境再怎麼優渥恐怕也很難好好的過日子。如果湯英伸在整個求職及離職的過程被好好有尊嚴的對待，這樣的慘案會發生嗎？湯英伸也被死刑執行了，但從這四條人命裡，我們學到足夠的教訓了嗎？**

沒有了尊嚴，其他所有都是空談了，自由、夢想、欣賞或感受世間的美好、付出愛或享受被愛的能力。這些生命裡很重要不可缺席的元素都是奢望，這樣的人會做出什麼可怕的事不難想像，自殺或殺人都不是不可能的。

妳覺得呢？想想那個為了吃牢飯殺了孩子的嫌犯、還有那些帶著小孩一起自殺的大人……到底是怎樣的絕望處境讓人做出這麼可怕的決定，我們認真想過了嗎？我們真的學到教訓了嗎？或者說，我們的社會因此反省了什麼？我們的政府因此改變了什麼？

殺童當然罪不可赦，但是如果我們不痛徹地反省社會的錯誤，也不批判政府對人民生活痛苦的視而不見，卻在指責廢死聯盟的主張，好像死刑就能讓就業率提升，讓痛苦指數降低……是不是很可笑？

所以我真的很怕，怕輿論一片喊殺，政府也就很省事的殺幾個人應付了事；我真的很怕，那些財團隻手遮天，失業的、無家可歸的、血汗勞動的處境都不被看見，政府只為財團效力，對人民毫無作為。促成犯罪的，難道不是這些？

如果人民的尊嚴沒有被嚴肅看待，我不認為這個只會喊殺的社會值得期待；如果政府的責任不被認真反省，我不相信這樣的悲劇會因為死刑執行而終止！

請教我「要怎麼生氣」

當娟芬說到這裡——羅律師問鄭媽媽說：「那你不生氣嗎？」鄭媽媽說：「阿麥安怎生氣？」（寫到這裡，敲鍵盤的當下，我比前幾天聽到這些話時又更更生氣了，我在氣，我竟然寫不出鄭媽媽用台語說的那句話！這是誰害我的！）

「怎麼生氣？」這是一句無奈的呼喊，當然，這也是一句深深的問話，請教我，要怎麼生氣？

每每想起這一段，我的心裡有深深的心疼和滿滿的憤怒！會憤怒，是因為我知道怎麼生氣。但是我相信，「生氣」是要教的，尤其是面對國家機器，尤其是像這樣被權力威嚇、被暴力驚嚇、被儒家洗腦的臺灣基因。

說到冤獄，以前的我總是不解，看到司改會或人權團體列出冤獄的情節，再白癡司法門外漢（如我）都明白這是「冤獄」，那些法官會不明白嗎？還是有其他我不知的其他情節……直到最近，我漸漸懂了，重點不在案件的情節或證據說了什麼，而是法官和被審的以前共同接受了什麼。

看完《巴丹戴爾》的紀錄片映後座談，在人本工作的潘儀在我身邊喃喃的說：「老師因為學生打人，就打學生處罰，這邏輯怎麼對？」我幽幽回應她，「老師在打人的時候，從來不會覺得我要跟學生接受一樣的評價。」權力不同，即使行為一樣，結果也常是大大的不同，而在這種認知下長大的孩子，如果成了有權力的，就走到有權力的那邊大聲吆喝行使權柄；如果成了沒權力的，就默默接受被欺壓的命運，等著哪天可以在某個小團體裡掌握權力，像某些家裡的男人，或學校的老師……再好好的施展「權力」這件事！

於是，好好聽話是重要守則，和諧是重要價值，而所謂「正義感」只能發揮在學生遇到老人不讓座，或外勞霸占車站空間，當有人再提起什麼「二二八」、「白色恐怖」的言論，就舉起族群和諧的大旗撲滅；再提「江國慶」，就搖搖手，那是軍事審判的特例啦。

然後，是我們重重的悲傷，連被死刑砸到身上了，都不知道該怎麼生氣。我們從沒學過怎麼跟國家生氣！

這就是「二〇一二府城驚死文藝季」重要的地方，這些作家、律師、法官、教授或曾經被傷害的人，或許他們還沒辦法為所有人伸張正義，但是他們在教我們怎麼生氣，什麼時候應該要生氣……對我而言，更是在提醒我，在孩子還小的時候，在不公義還沒砸到頭的時候，就該學會辨認不公義的細節，學會怎麼生氣，也學著幫別人發聲。在這個國家財團如此囂張跋扈的時刻，我很難說這樣的學習可以讓不公義消滅到什麼樣的程度，但至少我們可以不用再忍受充滿恐懼的沉默，還有如此悲傷的探問：「麥安怎生氣？」

只是，路還很長。

八歲的罪大惡極

國慶日要到了，江國慶的生日也要到了。如果他還在，應該是三十七歲生日。

冤案令人痛心疾首，但不是冤案的，你就安心了嗎？

曾勇夫說：「人神共憤的先執行。」

張娟芬說：「你可有見過八歲的罪大惡極？」

我是個國小老師，「八歲」正在我的執業轄區範圍，我在找「八歲的罪大惡極」，很肯定的，沒有，但是誰鋪一條路，讓那個孩子往罪大惡極人神共憤的方向走去？如果他有別的選擇，他難道真的願意往那個方向走去？

但罪大惡極的端倪卻有跡可尋。

十歲的柚子是我在當註冊組長時，接到的特殊就學個案，柚子的爸爸是個警察，媽媽是爸爸外遇對象，柚子一出生就在保姆家長大，有特別的節慶或長假媽媽才接回家住，後來接回家的次數越來越少。上小學之後媽媽接到家裡同住，但柚子常自己偷跑回奶媽家，在家也常被媽媽哥哥責備：奶媽奶爸雖對柚子疼愛，但因為柚子媽媽的壓力，還有家人也不歡迎柚子，所以不敢收留柚子在家住。柚子索性拿一塊紙板睡在奶媽家的樓梯間，媽媽也放棄找他，柚子於是成了社會局的個案。

因為安置柚子的機構位在我的學校學區，社工帶著柚子來辦轉入手續時正是炎熱的酷暑，他帶著純真可愛的笑容卻身穿長袖。上學兩天，他沒來了，聯絡社工，說是因為他逃離機構自己搭車去找奶媽，找回柚子後，機構社工決定先讓柚子在機構穩定一陣子再來上學，站在註冊組長的立場我對這個決定非常不以為然，我答應上放學都接送柚子，讓他不會有機會在途中離開。通常放學後，柚子就到我的辦公室寫作業，完成後我再騎著摩托車送他回機構。我看著他工整的筆跡慢慢的在作業簿上筆畫、他笑著吃點心、有時在寫作業的時候睡著了、有時也幫我送東西給其他老師、坐在機車後座他孩子氣的撥弄我的馬尾，他的笑容純真裡透著慧黠，我完全看不到社工口中那個狡猾詭計多端的孩子。

這樣美好的時光持續了好一陣子，無預警的，他又逃了，這次警察怎麼也捉不到他。我和柚子的奶媽取得聯繫，我們倆長談了好久，奶媽掉著眼淚哭訴這個可憐的孩子，這幾天又睡在奶媽家的大樓樓梯間，爺爺（奶爸）常常半夜拿著被子去幫他蓋上，因為擔心警察來抓他，他常常一有風吹草動就趕緊躲起來。

我決定自己去找他，那天晚上，我先生開著跟同事借來的車，帶著兩個小小孩，到我們很不熟悉的遠方找孩子，拜訪奶媽和爺爺後，我們一起找他，柚子像一隻受傷的小野獸在黑暗的巷弄裡跟我們捉迷藏，我們也在黑暗裡跟他喊話——我邀請柚子來住我家、我答應每天給他喜歡的飲料、想辦法轉回原來的學校找原來的好朋友……一直到深夜，我們無功而返。回程的車上，我抱著自己已經熟睡的孩子，想著柚子覺得好心痛，十歲的孩子不是應該還在媽媽懷裡撒嬌嗎？柚子已經開始露宿街頭、開始躲警察……我不得不想到，再大一點，他會怎麼跟一群同樣命運的孩子，一起在黑暗的巷弄裡活躍他們的青春，然後逐漸往那個「罪大惡極」靠近。

心痛的是，他不過是個需要愛的孩子。

一開始我譴責柚子的母親，為什麼生下了孩子又不肯好好照顧他？後來隱約知道了她的狀況，柚子來自一段不得見光的感情，加上原就有需要扶養的孩子，工作也不穩定，心力交瘁後也只能放手希望國家接管。

之後我氣柚子的社工，甚至毫不留情的指責她沒盡到責任，她很無奈的說她手上大大小小有五六十個個案，她如何無微不至的照顧每一個個案？我又無言了。

無言我也在這個大體制的齒輪裡接觸到了柚子，但我不也無能為力？媽媽無能為力、奶媽無能為力、社工無能為力。一連串的無能為力鋪成一條往黑暗巷道裡的路，他還能有什麼選擇？

看清這一連串無能為力的絕望，讓我憤怒得要直指國家的錯誤，而偏偏這個國家體制的建立每個人都有份。柚子沒做錯任何事，他只是因為找不到他渴求的愛而從現有的體制逃走，體制裡的人往往善惡分明卻不知反省，我能在體制裡有安穩的生存、能受教育、能安心的工作，豈是因為我是一個好人，而是我有福氣有能力成為好人；那些在體制外暗巷裡的，又豈是懶惰或劣根性那樣簡單，如果可以如果有能力，誰不要成為一個「好人」？聖經不也說「立志為善由得我，只是行出來由不得我」。

我反對體罰，是因為我相信每個做錯事的孩子都是需要幫助的孩子；我反對死刑，因為我覺得死刑畫下了一條粗暴的線，讓全體的人喪失反省、喪失與另一邊的連結。為惡的、不善的、非我族類的就往另一邊踢去，從此與我無關，了不起再多謾罵幾句，更劃清界限……否則有「死刑」是做什麼用的呢，不就是要殺「人神共憤罪大惡極」的嗎？去吧！遙遠的，我聽不見的槍聲。

可是，因為我是國小老師，未來我的學生中出了一個總統我未必能沾什麼光，但未來我的學生裡出了一個罪大惡極我卻難辭其咎，沒有死刑，我和這個社會還可以想想怎麼彌補錯誤，如果那個罪大惡極的就這樣被國家殺了，我怎麼跟好幾年前那個罪大惡極的小端倪交代？我怎麼毫無掛慮的擁抱他說：「這個世界還有好多人都愛你！」

熱眼俠出題時間

一、你思考過「死刑」嗎？你對國家懲罰與矯正制度有什麼期待？

二、如果你是柚子，你會怎麼處理自己的生活？

三、你跟朋友討論過鄭捷嗎？你有什麼想法，朋友們又是什麼意見？

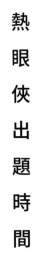

神祕博士給
大人們的隱藏版思考

罪與罰之間

放學了，我的小女兒從幼稚園離開，走進我的教室時，手上拿著一個黃色小鴨的手錶，她跟我說，那是在路上撿到的。

我跟她說：「那丟掉這個手錶的人一定很著急，我們拿去學務處好不好？」

顧左右而言他，她比劃著手錶說：「妳看要這樣戴。」

我又重覆了一次，她又說：「這個手錶是可以拿起來的喔。」一面試著把錶面脫離錶帶，但拿不出來，我幫她拿了出來，又再重覆一次。她沉默了。

我看著她，很溫柔地跟她說：「妳很喜歡這個錶，所以不想拿去是不是？」

她就是不肯正面回應我，她說：「我想帶去給春梅阿姨看。」

我嘆了一口氣跟她說：「如果妳戴在手上，然後錶的主人看到了，覺得妳偷了他的錶，怎麼辦？」

這次她很乾脆的回應：「我就馬上還給他。」

我還不想強迫她回應，而且已經放學了，我決定晚上再跟她好好談談。

晚上要去上一小時的YAMAHA音樂課，她手上就戴著那支黃色小鴨手錶。課程中我陪在她旁邊，我漸漸感覺她的心神不寧。她彈琴的手很沒勁，唱歌很小聲，要唱不唱，老師要求小朋友站到鋼琴旁看老師彈琴，她一反常態的站在老師背後（以往都是要搶在老師身邊）。

果然，還沒下課，她就跟我說，這個黃色小鴨的手錶是同學廖育倫的。

我被她的自白嚇到了，也就是說她偷了同學的手錶！這個驚嚇著實不輕。

所以我等不及下課，就急著再問一次：「所以這個手錶不是撿到的，是同學的。」

她斷斷續續用不完整的語言說著：「因為他坐在那個，五穀根莖類那邊，可是他午睡睡在我旁邊，然後他就把手錶放在那邊，我就說，那這是你的手錶……」

但音樂課還在進行，我決定等等再問清楚。後來我很感激這堂課替我踩了情緒的煞車……

也許是因為自我譴責，也許是因為感受到我的不快。下課後，她慢吞吞地走出來，她說：「妳往前走。」

我往前走了一段，繼續等她，她慢慢跟過來，還是說：「妳走前面。」就是擺明了不跟我走在一起……我原本有些不耐煩，後來看著她蹣跚踟躇的步伐，我想我看到了她被折磨的痕跡。

我的心裡開始不捨，也覺得這會是一個重要的開端。小小的身體裡，人性在滋長，貪婪與不安，悄悄的對戰。

坐上機車，她堅持坐在後座，扶著後面的把手，離我遠遠的。停紅燈的時候，我溫柔的跟她說：「我好愛妳，真希望能抱著妳。」有一個紅燈，她移到我的前面，轉身抱著我。路很短，只夠我抱著她，喃喃低語：「我的寶貝，我最愛的寶貝。」

如果人性已經開戰，我相信只有「愛」能給她源源不絕的力量。

到家後，我抱著她，想搞清楚事情的來龍去脈。大致上應該是她和那位帶錶的男孩是班上最後離開寢室的，後來男孩把手錶遺忘在寢室的鞋櫃上，她看了很喜歡，想占為己有，便在心裡盤算著要怎麼說。於是才會一見到我就說這是撿到的。

我問她，打算怎麼辦？她說：「我會拿去還給廖育倫，但是我很想拿給春梅阿姨看。」春梅阿姨是從小照顧她的保母。

我說：「春梅阿姨如果知道妳拿別人的東西，她也不會開心啊！」

她點點頭，有點不甘心的說：「可是等我長大賺錢的時候，那時候黃色小鴨就已經不流行了。」

其實她懷裡已經有一個黃色小鴨的布偶了，她知道每次她過分要求要買什麼的時候，我們總是說要等妳長大賺了錢再自己買。所以沒等我說她就自己回應了。

爸爸回應說：「那時候還是會流行其他的東西啊，如果妳賺很多錢，怎麼買都可以。」

我不同意：「可是為什麼一定要買流行的東西呢？還有很多重要的東西啊！」

她放棄了，突然想到什麼似地說：「那我可以自己做嗎？我自己做一個黃色小鴨的手錶，妳會折黃色小鴨嗎？」

「不會！問爸爸，他什麼都會。」我推給爸爸。

「爸爸，你會折黃色小鴨嗎？」

「不會。」我想也知道。

「那你會折一個圓形嗎？」

「不會！」

「那你會折一個正方形嗎？」

「會！」總算。

小女孩很開心的去找了一張色紙，請爸爸折一個正方形，大概比她的手掌小一點，然後她在上面畫了黃色小鴨和錶面。

果然，她生氣了，根本不可能，黃色小鴨畫不下，我看了一下，紙上有個小錶面，歪歪的圓形，旁邊有刻度，長針短針擠在一起，錶旁邊有個很瘦很可憐的鴨身。我跟她一起想了幾個辦法都不合適，她快哭了。

我知道，這件事很重要，這是她度過這場戰役很重要的儀式。把很喜愛的東西還出去，她的心會留下一個缺憾，那不是什麼正義良知可以彌補的，她正尋找補償缺憾的方式，我必須陪著她。

還好，爸爸終於想出一個可以容納小鴨和錶面的構圖，小女孩很滿意的笑了，然後我們撿了一件穿不下也髒得送不出去的衣服，剪下一塊長條布，穿過正方形的錶面當錶帶，她開心地戴著新錶，跟我說她明天打算怎麼做。

「我會把錶拿給廖育倫，然後跟他說，對不起，我不小心拿走了你的手錶，現在還給你，謝謝你，它陪我度過一個美好的夜晚。」我不知道那個「美好的夜晚」是去哪裡學的，但我很驕傲的抱著她，我真是太愛太愛她了！

看著她把黃色小鴨的手錶小心翼翼的放進書包（她很擔心會忘記帶），然後開心的戴著新錶，學著爸爸跟她說的話：「這個錶是世界唯一，獨一無二的。」

這個事件到這裡算告一段落，從在音樂教室看見孩子的折磨開始，我就不再說任何我們該怎樣或不該怎樣的話了，她都知道了（誰不知道呢？不然哪來的折磨），只是天人交戰需要力量，這是我要幫忙的。

我也知道，下一次貪婪的人性還是會冒出來，但我相信，一次光榮的，沒有羞辱的戰役能給孩子面對黑暗的勇氣，人生很長，試探無所不在，有愛支持的歷練才能長長久久地走下去。

罪與罰之間，如果沒有愛

從同儕來的處罰

讀幼稚園的小女兒這一天放學時非常難過的跟我說：「怡真叫同學不要理我。」怡真是這個混齡幼稚園裡較大的孩子，聰明伶俐人緣極佳。

我有點訝異，之前她說怡真是她最好的朋友。我問她：「那其他人真的就不理妳嗎？」她點點頭掉下眼淚，對最愛跟朋友玩的小女兒來說，我非常明白她的傷心，我也心如刀割。冒著當恐龍家長的危險，我立刻去找老師說明情況。

老師聽了我的話之後，一副早就了然於心的口氣說：「那妳知道為什麼人家會不理她嗎？」我有點錯愕，然後開始乖乖聽老師細數小女兒的各種罪狀——亂拿別人的東西、對別人大聲說話、要別人聽她的。加上愛遲到、吃飯慢、抽屜亂……

然後我懂了，原來，同學的排擠其實是老師默許的處罰。

誰要陪著打這場戰役

當小女兒說她撿到了一支黃色小鴨的手錶，我不疑有他，立刻要她送到學務處去，可是，她說什麼也不願意，我知道她想要占有這支手錶。後來她自己很不安的透露，其實手錶是同學的，也就是，她偷了同學的手錶。

我震驚於她竟然「偷」東西的同時，當然也看到了她面對貪念的天人交戰。因為看見她的掙扎與羞愧，我沒有再加以指責。我和爸爸陪著她，談接下來該怎麼處理？還同學的時候怎麼說？怎麼面對缺憾？爸爸還陪著小女兒做了一支手作的小鴨手錶，簡陋但獨一無二。

我的想法是，如果面對貪念是一場戰役，家人的愛與陪伴會是最重要的力量！

導師的困境

一個周日，我收到一位家長的訊息，表明要另一班老師的聯絡方式。詢問之後才知道，原來是因為那個班有個男孩在臉書上罵了我們班這位家長的孩子一句髒話，女孩家長看了暴跳如雷，覺得是很大的羞辱，決定親自找那個男孩興師問罪。

我跟另一班老師取得聯繫後，我傳給她家長給我的螢幕畫面，其實那個脈絡是——我們班這位女孩和其他幾位同學一起參加學校的才藝競賽得了獎，她把訊息貼在臉書上，這位男孩是以前認識的朋友，就回了訊息說：「幹你娘！」「這麼厲害！」看得出來本來應該是要表達「哇！你們好強啊！」原是朋友的讚賞與鼓勵，不當的分句和措辭卻造成了完全不一樣的結果。

老師讓男孩來我們班跟這位女孩道歉，也讓他跟家長道歉（畢竟這句三字經也罵到了別人的媽媽，這也是家長在意的點）。

藉這個機會，我跟兩個孩子聊了因為關係不同，可能在語言的界線上必須謹慎這件事，我沒有責備男孩，看起來他並沒有要傷害別人的意思，我想，他也許因為這個事件會更謹慎的使用，那些大人口中會幹來幹去的三字經。不過，事情卻沒有這麼快落幕。

男孩的班導更「慎重」的處理這件事，除了讓爸媽知道之外，並將擷取的畫面讓全班看引為教訓，他語帶恐嚇的說，所有的行為都抹滅不了痕跡，而這樣的行為可能會被告引來官司，也可能讓警察來找你……接著，他要男孩寫悔過書，然後罰寫二十次《弟子規》，不過，他說：「你先寫一次就好，剩下的十九次就送給其他犯同樣錯的人。」也就是他讓男孩在班上找到其他會講髒話的同學，然後把處罰送出去。

那，悔過書是為什麼呢？老師說是為了留下罪證資料，下次再犯重罰。而且也留下犯錯與教導的痕跡和承諾，如果之後小孩又有類似的行為「偏差」，就不能怪老師沒有教……

我嘆為觀止，我以為沒什麼的事件，這樣一處理好像變成了好了不起的大罪過。而且從一個小過錯處理，做到殺雞儆猴、白色恐怖的手法，很厲害，但也很令人擔心。我不知道小男孩怎麼看這個事件？他從中學到了什麼教訓呢？

當我試著用母親的角色來看這件事，我對男孩充滿了不捨。如果是我的孩子，我又會怎麼看待這個錯誤？寫下那個誇大自己的錯的悔過書，孩子的心情如何？如果他真的懊惱後悔，會不會也帶著疑惑？

看著他埋首抄寫《弟子規》的身影，他心裡對這個世界的禮教規訓又是如何看待？

幾個月前的我會很明快毫不猶豫的做出批判，可是現在，我的心裡很矛盾。

幾年前我開始投入社會運動，也開始接觸廢死議題。因此，對於權力位階的師生關係、規訓與各種懲罰有了一套不同以往的思考與想像。也因為不苟同一般導師掌控班級的霸道與對權力運用的不自覺，在今年我決定要自己來帶班。從事教育界十幾年，扣除實習那年混亂荒謬的帶班經驗，這應該是我第一年帶班！

我看著男孩所在的班井然有序、彬彬有禮，孩子在各種相處上知所進退。我不敢說什麼，因為在我這個菜鳥導師的班，孩子們常常互飆髒話、互相指責對方，卻對自己犯的錯找了各式各樣的藉口、不服其他老師的管教甚至破口大罵，以致上科任課的秩序極糟、寬以律己嚴以待人、早自習與午休這種自主學習的時間總是一團混亂；而我卻疲於奔命，層出不窮的糾紛、釐清不完的真相、說不完的道理與處理不完的班務。

如果罪罰與體貼人性是天平的兩端，賞罰分明確實可以讓一個班的孩子很快的掌握秩序，並在許多時間點上做出明快而恰當的判斷。代價就是孩子的錯誤要被放大檢視，被用以殺雞儆猴，原本應該要在犯錯中學習的孩子，卻要在錯誤裡讓自己的尊嚴被腐蝕而不自知，甚至用同樣的手法去對待管理其他同學。

這樣的代價其實不小，也是我想守住不願輕易跨過的底線。但是當我理解那些糾紛衝突就只是因為人際的界線不清楚；那些責任的推託，就是因為人性裡的貪逸惡勞；那些不告而取，不就是因為人性裡的貪念……理解當然不等同放縱不處理。可是，現場的老師卻不一定有恰當的方法去處理這些軟弱，而同階段教孩子的其他老師也不一定有同樣的認知。體貼理解人性的這一端，相對需要更精緻的工具與更高明的經營技巧，以及更長更長的時間……但這些真的是我們的教育環境與社會願意思考與等待的嗎？

如果天平的兩端所需要的能力和資源如此傾斜，在我這端的老師會不會漸漸往另一端移動呢？

還記得前文的那個母親嗎？那些事件裡，我的眼裡只有孩子，愛是其中最重要最無可取代的要素。當孩子犯錯的時候，我看見的是孩子的需求，我會不斷的說「我愛你」，並盡可能的給予力量與各種可能的支持。而對於班級裡不當的對待，我能充分感受到其中的傷害而盡可能的彌補。就算被認為是寵壞孩子的母親我仍不會動搖。

但是當我是二十八個孩子的導師，我的體貼與心力卻常常顧此失彼，我的愛脆弱而充滿焦慮。

如果校園裡威權的罪罰處理也是一道光譜，以往動輒打罵、充滿情緒性的謾罵羞辱在光譜的極端，要學生寫行為自述書的處理，似乎相對的冷靜。我非常能體會許多現場老師用這樣的方法期待「導正」孩子的行為，在這個對老師的期待與指責常常高於理解與支援時，老師也為自己教導孩子的過程留下一些紀錄。

但是，被減損尊嚴的孩子，真的可以完整美好的長成我們歡喜看見的樣子嗎？被擴大錯誤的孩子如果再一次犯錯，會勇敢的承認面對，還是極力掩飾錯誤？或者，就乾脆讓自己成為會一直犯錯的人，甚至，索性把錯誤連同自己一起刪除了。

那個寫完自述書就跳樓的孩子，用生命在告訴教育現場的我們，如果沒有把「愛」放在處罰的前端照亮這段路，沒有人可以肯定往前再走下去是人生的大道，還是懸崖？

如何面對錯誤？不僅僅是教育現場裡的大命題，也會是老師自己，以及整個教育環境與社會必須一起思考面對的課題！

國家圖書館出版品預行編目 (CIP) 資料
教孩子自己找答案：未來公民必須具備的五種能力　翁麗淑 作
— 初版 . — 臺北市：紅桌文化，2015.09
220 面；21*14.8 公分
ISBN 978-986-91148-6-8（平裝）

1. 公民教育　2. 民主教育
528.3　104016314

教孩子自己找答案

未來公民必須具備的五種能力

作者　翁麗淑
特約編輯　郭正偉
美術構成　李君慈
內文排版　菩薩蠻
總編輯　劉粹倫
發行人　劉子超
出版者　紅桌文化／左守創作有限公司
10464台北市中山區大直街117號五樓
(02)2532-4986
undertablepress@gmail.com
印刷　約書亞創藝有限公司
總經銷　高寶書版集團
11493台北市內湖區洲子街88號三樓
(02)2799-2788

ISBN：978-986-91148-6-8
書號：ZE0116
二〇一五年九月初版
新臺幣 定價：三〇〇元
臺灣印製

Raising Future Citizens: Five Qualities Our Children Need for Their Future

Published by UnderTable Press
An Imprint of Liu & Liu Creative Co.
5F 117 Dazhi Street, 10464 Taipei Taiwan
undertable.tumblr.com